學得更好

LEARN BETTER

Ulrich Boser
烏瑞克・鮑澤——著
張海龍——譯

目錄

第2章 設定目標

第3章 提升能力

第5章 形成關連

作者說明

在本書中，我有用到自己在其他文章、報告、部落格貼文發表的一些內容。此外，爲了清晰起見，針對書中的一些引用文字，我核實了內容來源之後，做了一些適當的調整。而在講述某個人的故事時，如果我直呼其名、忽略姓氏，表示這是我爲這個人取的化名。若文中的事實、引用出現錯誤，或者有需要進一步澄清的地方，我都會在網站www.ulrichboser.com上發布消息。

至於涉及我個人經歷的部分，尤其是距離現在時間比較久遠的事，儘管我力求翔實，仍然難免有所疏漏，敬請諒解。

〈前言〉

讓你愛上學習的一本書

紐約市北方大約十五、六公里處，道路縱橫交錯，一條巷子盡頭坐落著一棟紅磚牆的低矮建築。這是一所小學，站在學校外面的家長多是農場主和肌肉發達的工人。一九八六年一月六日的清晨有些寒冷，送孩子上學的家長把車停在學校大門前，孩子們鑽出車門，有說有笑，偶爾夾雜著一、兩聲刺耳的尖叫。

剛過早上十點半，一個金髮碧眼、頭髮髒兮兮的男孩拖拖拉拉地走進教室。再過幾天就是他十一歲的生日了。他上身穿著高領毛衣，下身穿著燈芯絨褲子，書包裡胡亂塞著家庭作業，好像還夾雜了幾張《龍與地下城》桌遊的塗鴉。

這個男孩有點學習障礙，那天早上也一樣。課堂教學從減法開始，男孩大搖大擺地走到黑板前做一道練習題，但他答錯了，得重做。

然後，他就開始走神了，在座位上像隻泥鰍似地扭來扭去，於是老師罵他：「專心一點！」其他孩子都完成了習題，這個男孩卻依然一臉茫然。反正也不會做，他乾脆去抄隔壁同學的答案。

課程進行了二十分鐘左右，老師請這個男孩回答一個除法問題：「七百七十除以七十七等於多少？」男孩不知道答案；再來一題除法，他還是一臉痛苦與茫然。終於，這堂課快要結束了，老師在交代作業時，這個男孩又拉著旁邊的同學閒扯些運動啊、書籍啊、假期之類的，老師又罵了他，然後就下課了。

在許多方面，我們都和這個男孩差不多：作業寫得一團糟，還容易走神。不過，那個孩子是我。我書讀得磕磕絆絆，勉勉強強通過考試，成績很差。說起我的學習能力，老師們一致搖頭，其中一個老師告訴我媽媽，我去學學廚藝說不定更好。因此，一九八六年一月的一個早晨，學校的心理醫師悄悄到我所在的四年級教室來觀察我在課堂上的表現。

過了這麼多年，我對那個早晨發生的事幾乎已經毫無印象，但我一直保留著那個心理醫師出具的詳細報告——一份老式打字機打出來的黑白文稿。報告裡詳細記載我是怎麼試圖作弊、怎麼不做作業，以及在一個小時的上課時間裡，我沒有一刻能夠集中注意力。學校的心理醫師用「受挫」「心不在焉」「注意力分散」這樣的字眼來描述我當時的表現。

上幼稚園可能是我第一次在學業上遇到挑戰。當時我是班上最小的孩子，因爲跟不上進度，最後只能留級；上了小學，老師讓我去接受特教生的測試，做了一堆我連發音都發不出來的心理測驗；上了中學之後，每週我都要接受幾個小時的特殊教育——也就是說，學校把我當成行爲古怪、與周遭環境格格不入、不善交際、跟不上學習進度的人。

針對我這種學習困難的成因，有許多不同的解釋，每一種都含糊不清。一種解釋認爲，我父母是來自德國的移民，在家說德語，造成我學習緩慢；有些解釋主張我的大腦無法正確處理聽覺資訊，導致我有聽力問題；還有人認爲我智力不足，缺乏思考問題、解決問題的能力。

這些解釋多多少少都有些道理。我的父母雖然在美國生活了幾十年，但在家說話的時候，有時英語說著說著就變成德語了。而我也確實因爲聽覺異常，無法掌握語言的細節資訊，甚至難以遵照口頭指示。然後，很明顯地，我不是天才。

然而，現在回顧我的經歷，還有另一個解釋不容忽視：我當時不懂得如何學習。我沒有掌握思考的方法，沒有問自己問題或設定目標，甚至不知道習得知識意味著什麼。就像學校心理醫師在評估報告中描述的那樣，我似乎完全不具備學習能力，完全茫然無措。

後來，在一些老師的幫助下，我掌握了幾個基本的學習方法。學習的時候，我會問自己：「我眞的懂了嗎？我了解我正在學習的事物背後的邏輯嗎？」此外，我也逐漸接受每個人的學習速度不一樣，我可能必須比其他同學付出更多努力才行。這些年來，我找到了更能集中注意力的辦法，熱愛任何一種可以讓人安靜下來的事物，直到今天，我還整盒整盒地買耳塞。

最後，我在學業上的自信心開始上升，成績也是。我開始有興趣參與學生會，還有體育活動——跑步、籃球、越野運動，我都興趣濃厚。大學入學考試我表現得不錯，大量的努力和一點點的好運氣，讓我最終被一所常春藤盟校錄取。

我的學業經歷並不是這本書的基礎。事實上，如果把我的經歷和那些在大學教育或公司培訓方面陷入困境的人相比，我發現自己有很好的條件：支持我的父母、資金雄厚的學校，以及普遍來說很有愛心的老師。此外，我的聽力障礙也讓我比較沒有代表性。

儘管如此，我的經歷卻引發我的興趣，進而發展成一項事業。我相信，現今很多人就像早年的我，不太會去思考取得新知識和新技能最好的方法是什麼。例如，人們往往會反覆閱讀材料內容，儘管這個學習方法效果不好；或者用筆畫重點，但支持這種做法的相關研究很有限。此外，儘管有大量證據證明，反思自身技能或追蹤學習進度都是很好的學習方法，卻很少人採用。

大部分人都不斷在發展自身的技能和知識，但上述情形反覆發生。有人給你一套新軟體？你必須掌握這個應用程式（務必向自己解釋關鍵概念，確保你真的理解了）。談定了一個新客戶？那麼你必須以有吸引力的方式呈現自己的構想（簡報的投影片裡不要放太多圖表，那會讓人理解困難，抓不住重點）。需要記住一個電話號碼？（試著動動手指比畫一下，這可是短期記憶數字的有效方法）。

不久前，我和當年我的一位特殊教育老師在星巴克喝咖啡敘舊。說起我小學時候的經歷，說起我的作業問題，說起其他老師和同學，我覺得自己似乎回到了童年，尤其是那些滿心羞愧、滿臉迷茫的時刻。有那麼一瞬間，我非常想和老師分享我從中學以後學到的關於學習方法的所有心得。

不過，我始終沒好意思開口，因爲不想顯得自鳴得意。所以，我寫這本書除了要討論教育這件事及打磨自己的思維之外，最主要的動力是想要提供一份指南給當年那個金髮碧眼的男孩，以及其他同樣遭受學習困擾的人。

掌握一套有效的學習方法並不難

幾年前，紐約一所女子學校進行過一項實驗。這是一所頗具歷史的天主教學校，牆上掛著十字架，看起來莊嚴肅穆。參加實驗的是一群高一和高二的女生，穿著polo衫、百褶裙，實驗結束後，她們會收到一份小禮物。

實驗的一部分內容是讓女孩們學習擲飛鏢，這是她們第一次學。主導研究的兩名心理學家把這些女孩分成幾組。第一組叫「績效表現組」，研究人員告訴她們，學會擲鏢的方法就是朝著靶心扔，越靠近靶心越好，得分最高的就贏了。

第二組叫「學習方法組」，她們學擲飛鏢的方式和第一組很不一樣，研究人員讓這些女孩把焦點放在習得擲鏢這項專門技術的過程上。她們首先學習如何投擲，掌握幾個基本步驟，例如讓手臂盡量貼近身體；接著，在基本步驟練熟之後，研究人員鼓勵女孩們瞄準靶心，慢慢從以過程爲目標轉移到以結果爲目標，例如擊中靶心。

最後是對照組。研究人員給她們的指示是「盡最大的努力」，也就是說，這一組的女孩可以採用她們喜歡的任何方式學習投擲飛鏢。我們就把這組叫作「傳統智慧組」吧。

爲了進一步了解該實驗，我去拜訪了當時的研究人員安娜斯塔西亞・奇珊塔斯，她和心理學家貝瑞・齊默曼共同主持了這項研究。我去拜訪她時，距離實驗結束也就幾年，當時那些飛鏢還保存於她在喬治梅森大學的辦公室裡。在那個下著雨的午後，安娜斯塔西亞把那些黃色飛鏢從櫃子裡取出來給我看，像展示某個被遺忘的南美部落的文物一樣陳列整齊。

安娜斯塔西亞之所以保留飛鏢，是因爲當時的實驗結果非常驚人。學習方法組的表現遠優於其他兩組，分數幾乎是傳統智慧組的兩倍，而且她們更加享受整個學習體驗。安娜斯塔西亞告訴我，該組的幾名學生在實驗結束後，還要求學習更多飛鏢投擲技巧，求了好幾個禮拜。

飛鏢實驗的結果非常明確，而且有越來越多研究支持，因爲學習原來是一個過程，一種方法，一套理解事物的系統。學習活動需要集中注意力、需要規畫、需要反思，而一旦懂得如何學習，就能以更高效的方式精通所學的事物。

事實上，學習過程是非常重要的學習結果預測指標。最近一項關於學習的研究顯示，學習方法幾乎在所有領域都能戲劇性地改變學習結果。另一項研究則發現，學習過程與學業成績平均點數緊密相關。安娜斯塔西亞和齊默曼後來在其他領域複製了飛鏢實驗，發現若採用專門的學習策略，無論學的是排球或寫作，都可以提升表現。

在認知科學研究人員這個通常比較嚴肅的群體中，近來突然大量湧現的學習方法相關研究點燃了一股讓人聯想到基督再臨的歡欣氛圍。有些研究人員為自己的論文下了很戲劇化的標題，例如「如何在十分鐘內把智商提高十一分」（這篇論文的研究人員建議在解決問題時把思路大聲說出來）；有些研究人員在訪談過程中顯得非常興奮，例如心理學家班奈特·史瓦茲很推崇自我測驗，對我說：「我們應該傳播這個福音。」

這些發現的獨創性令人興奮。更為聚焦的學習法出現的時間實際上並不長，大概只有二十年。長久以來，專家都認為學習能力與智力有關，因此並未眞正去研究這個問題。他們假定，人們不是擁有學習能力，就是沒有。智力——或者說精通某樣事物的能力——在他們看來就像眼睛的顏色一樣，是永遠不變的特質，是神給的基因禮物。

學校自然接受了這套理論。所以，儘管接受了多年教育，儘管上課上了很多年，大部分人還是從未學過如何學習。整體而言，我們不太知道如何提升自己在某個領域或學科的專業能力。比方說，「學習」這個詞本身就是個非常含糊不清的說法。學習是指反覆閱讀一本教科書？還是做例題？死記硬背？以上皆是？再舉「練習」這個詞為例：練習指的是一再重複同一項技巧嗎？練習需不需要詳細的回饋意見？練習應該是辛苦的或好玩的？

其他的錯誤認識還有很多。提到學習，人們相信的許多事都沒有相關研究支持。最近我和美國幾位備受敬重的學習專家合作，進行了一項調查，想要了解人們對於如何習得一項技能都知道些什麼，而調查結果非常令人驚訝。儘管大多數美國人認爲自己懂得有效教學和學習的基本原則，但實際上，關於如何學習，他們有許多缺乏依據的直覺與錯誤看法。

比方說，有三分之二的人認爲學生應當因爲聰明而被表揚，但研究顯示不該如此，人因爲努力而不是聰明讓人讚揚時，學到的反而更多。還有百分之五十的人認爲，學習這件事不需要太多指導，但一項又一項的研究證實，學習是一個需要專注投入心力的過程。此外，儘管沒有任何研究支持「學習風格」這個概念——亦即有些人是透過體驗或參與的方式會學得更好的動覺型學習者，有些人則是視覺型學習者——卻有超過百分之八十的人相信學習風格確實存在。

令人欣慰的是，發展學習過程並不費力。許多隱藏在無效研究中的改善策略顯示，幾乎不需要額外努力就能有很大的收穫。去拜訪安娜斯塔西亞那天，她告訴我，即使小小的調整也可能帶來顯著的改善。例如在飛鏢實驗中，學習方法組大概有一半的人會記錄每一次投擲的分數，光是這樣做就足以提升表現。「仔細想想，這眞的很驚人。」安娜斯塔西亞說道。

然而，大部分人卻很少這麼做。

學會如何學，是你的終極生存技能

學習過程的價值已經遠遠超出最新的科學，它還反映出當今社會的性質——以及專業能力的變動本質。

回想一下你最近在Google搜尋的資訊，也許是附近一家披薩店的地址，或是巨星麥可．傑克森的家鄉。心理學家貝琪．史巴洛和她的同事進行的一系列研究顯示，人們更傾向於記住某項資訊在網上的什麼地方可以找到，而不是記住該資訊的確切內容。

所以，如果搜尋麥可．傑克森的家鄉在哪兒，你比較可能記住的是這位流行樂之王的維基百科頁面，而不是確切資訊（美國印第安那州的蓋瑞市）；如果你在某個網站找到披薩店的地址，你比較可能記住的是這家店的網址，而不是實際地址。史巴洛和她的同事在研究報告中寫道：「我們已經與電腦形成共生關係，成爲互連系統，比較不會去記住某項資訊，而是記住在哪裡可以找到這項資訊。」

上述研究隱含幾個重要意義。首先，我們的大腦——以及大腦的各種奇妙功能——是有效學習的關鍵。大腦經常「卸載」資訊，把資訊儲存在它自己的神經褶以外的地方。從這方面來說，智慧型手機、平板電腦、筆記型電腦成了我們的「延伸大腦」。最近的研究指出，如果我們在參觀博物館時爲一幅畫拍了照片，就比較不可能記住這幅畫，因爲大腦似乎認爲這幅畫已經儲存在數位裝置裡了。

其次，有一件更重要的事反映了數位時代的眞相：事實已經失去它們大部分的價值。細節不再像以前那樣重要，對幾乎所有人來說，現今重要的不是資料本身，而是我們如何利用那份資料更好地思考。說得更確切一點，我們如何更有成效地習得新技能？如何更加理解複雜的問題？何時該把東西記在腦中，何時又該儲存在電腦裡？

如果你生活在幾十年前，或者生活在冰河時代末期，事情當然不是如此。

冰人奧茲大約五千年前生活在義大利境內的阿爾卑斯山區，當時是青銅器時代的初始時期。按現代的標準來看，他身材矮小，只有大約一百五十公分高，臉上留著濃密的絡腮鬍。他額頭很低，鼻梁斷過，看起來像個年邁的拳擊手。

奧茲在阿爾卑斯山攀爬一條山路時，倒在一塊巨石後面死去，死的時候雙拳緊握，雙腿盡顯疲態。他肩胛處受了箭傷，血順著後背淌下來，很快因失血過多死去。奧茲的身體就這樣躺在岩石之間幾十個世紀，直到一九八九年被人發現，那時他已經成了一具在冰雪中保存完好的木乃伊。

研究奧茲多年的人類學家說，他當時已經掌握了一系列重要知識。奧茲肩上背著製作到一半的箭，說明他研究過造箭的基礎；金屬質地的細絲包覆著他的髮絲，表示奧茲懂得金屬熔煉的基本程序；而從他嘗試用草修補衣服看來，奧茲似乎初步掌握了縫紉技能。

他掌握的知識讓人印象深刻，但那些知識已經不再是我們今日所需。自奧茲的遺體從阿爾卑斯山谷被運出來，到大約幾年前，資訊都是高度停滯不動且昂貴的。許多世紀以來，我們都在尋找專家來傳授弓箭製造之類不變的技術細節——這種技術再過四千年也不會變。

同時，我們還陷入資料崇拜——有很長一段時間，資料只能在稀有的手抄本中找到，而在古騰堡發明印刷術之後，則是在褪色的書裡。許多人小時候寫作業時都要花好幾個小時在圖書館瞇著眼睛看微縮膠片；若想成爲學霸，則要研讀一頁又一頁記載細節的資料、熟記各種日期和方程式。

這種學習觀點持續出現在大部分的學校、大學和培訓課程，只要從書架上抽出任何一本厚重的教科書就知道了。我最近與課程設計專家摩根・波利克夫及約翰・史密森做了一項研究，發現一本目前被廣泛採用的小學數學課本，有超過百分之九十五的內容聚焦在較低層次的思考，例如熟記和理解過程。

然而在網路時代，資訊比電線還便宜。用 Google 搜尋，不到一秒，就可以查到蛋白質與血漿的結合方式；晚宴中爭論的問題，滑滑手機就能輕鬆解決。此外，「精通」這件事本身也不斷在改變。專業技能的生命週期變得更短，例如過去十年間，Uber 這項汽車共享服務就從一個無名的手機應用程式變得家喻戶曉。

這同時改變了我們習得新技能與新知識的方式和理由，因爲光靠練習已經不再能成就完美。爲了成功，我們不能單單只發展簡單的程序，而且現代人必須懂得如何學習，並培養重要的思考能力。

這裡很容易過頭，所以要說清楚：事實仍然至關重要，知識還是學習的基礎，熟記也依舊是強大的學習手段，而你知道的事物往往最能用來預測你可以學些什麼。我把這叫作「知識效應」，本書會常常提到這個主題，因爲想要精通某一專業，必須熟練基本功。

然而，知道事實只是個開頭。投入學習時，還需要了解其中的關係、弄清楚因果、看見類比事物與相似之處。最終，學習的目的是要改變我們如何去思考某個事實或概念；換句話說，就是要學會一套思考系統。

因此，如果學的是個體經濟學，我們要學習如何以個體經濟學的角度思考；假如學習編織，就要致力於學習像個編織高手那樣思考。想要學潛水？那就學學世界級潛水夫的推理思考方式。正如教育心理學家所言：「請把學習想成是在弄清楚一套有組織且可理解系統的各個部分。」

這種新學習方法會產生很多影響——原因就在你的智慧型手機裡。畢竟，近來的科技進展已經摧毀了大批需要程序性知識的工作。在一定程度上，這個說法已經是老生常談了。旅行社基本上已經讓位給線上旅遊網站，ATM取代了銀行櫃員大部分的工作，無數收銀員職位則因爲自助結帳機的出現而消失。

這個變化發生的速度比最樂觀的專家預測的還要快。例如，大約十年前，哈佛大學經濟學家理查·默南和法蘭克·李維合作出版了《新勞動分工》一書，書中預測了哪些工作未來能繼續存在。他們認爲，祕書類工作很快會被電腦取代，而與工廠工作有關的任何職位也很快就會消失。

但是，電腦永遠沒辦法開車。在這兩位經濟學家看來，駕駛汽車這件事實在太複雜了，什麼裝置都不可能做到。他們的預測大部分都很準，祕書類工作差不多消失了，許多工廠工作也是，但在自駕車方面，兩位經濟學家顯然沒猜中：從Google到特斯拉，許多公司都已經推出無人駕駛汽車，而自駕計程車已經出現在許多城市的街頭，例如新加坡。

不久前，我去拜訪了住在波士頓城外的默南博士。他一開門，我就看到了一個典型哈佛大學經濟學教授的形象：留著白鬍子，戴眼鏡，穿著一件美國國家經濟研究局的長袖運動衫，一隻腳上的襪子還破了個小洞。

在他家的客廳裡，默南博士對我說，自駕車的預測正是所謂的「有例外就證明有規則」。科技正以大幅超出多數人所能想像的速度改變世界，而他認為，人們需要「專家的思考技巧」才能成功；實際上，這意味著人們必須懂得如何解決「非結構化問題」。如果你是電腦工程師，必須能夠解決技術手冊上沒有描述的問題；如果你是語言治療師，必須有能力幫助那些有著不容易定義的語言障礙的孩子。

此外，默南指出，人們還必須更有能力從新資訊中形成自己的見解。假如你在廣告公司工作，你的一項關鍵技能也許就是說明某個客戶如何利用當天早上的新聞宣傳；如果你是證券經紀人，關鍵技能則是弄清楚氣候變化會如何影響穀物的銷量。

本書讀者絕不僅限於學生，所以我也會在書中提出在任何一個知識工作領域提升工作成效的方法。例如，面對一個棘手的問題，應該跳出自己熟知的領域去尋找類比——有電影製作方面的問題，可以看看音樂產業有沒有創新的線索；遇到行銷難題，可以去新聞業尋找一些創意火花。

我還會探討如何提升解決新問題的能力，以及在解決問題時，應該對整個狀況做個簡潔的摘要。藉由清楚定義某個問題，我們通常更能破解長期存在的難題。此外，本書也會討論許多管理概念，例如同儕學習與事後討論的價值。畢竟，所謂的領導，歸根結柢就是幫助他人成長、進步。

然而，更廣泛地說，我們必須了解，在一個充滿各式資料，事實和數字像水一樣自由流動，連汽車都可以自動駕駛的世界裡，我們必須能夠快速且有成效地掌握新的專業技能。學會如何學習是專家口中的「終極生存工具」，這是現今這個時代至關重要的能力，是高於其他一切技能的技能。因爲，一旦知道如何學習，你就可以學會幾乎所有事，而對一個社會來說，我們需要更豐富的教育形式，讓資訊和知識共同培養出最重要的問題解決能力。

還在懷疑嗎？那就去 Google 一下吧！

變身高效學習者

從許多方面來看，我對學習過程的興趣是被一封電子郵件再次點燃的。當時，我正在進行一項試圖回答這個問題的計畫：相對於它的花費而言，一個學區會產出什麼樣的教學成果？我們的目標是提供美國差不多所有學區產出的結果，這花了好幾個月。資料有點弱，有統計學上的問題，比方說，如果想要弄清楚一個學區的教學成果，那你如何將低收入地區的孩子經常沒吃早餐就上學這一點列入考量？

後來，我收到一封電子郵件。我的研究助理用某個統計應用程式分析大量資料，確認了一

隨機測驗1

學習關鍵概念最有效的方法是：

A. 把段落中的重點圈起來。

B. 重讀重要段落。

C. 針對段落內容做個小測驗。

D. 畫線標出段落中的重要概念。

個我們一直都看見的模式：學區的花費與教學成果並不一致。在幾個地方，花費與成果之間的關係「不和諧」到學區所花的錢與學生的考試分數呈現負相關；換句話說，如果你是電影《魔球》的主人公比利·比恩[1]，看著我們的資料，你會覺得花在某些學校的錢實際上預示了比較差的教學成果。

爲什麼會這樣？原因當然很多，而且我並不是在主張學校應該拿比較少的錢——恰好相反。但隨著時間過去，我也逐漸相信，教育最大的問題之一在於「學習」這件事本身的品質。在太多領域、太多層次上，教育機構都不是設立來幫助人們習得技能的；說得更直白一些，在太多地方，錢都沒有花在重要的事情上。

一項具體證據是，走進任何一個大講堂，通常會看見幾百名學生被動聽講。研究結論非常明確地指出，這種「他們最終會弄懂」的教學方式完全無效。最近的一項研究顯示，上傳統那種以講授爲主的課的學生，其考試成績不及格的可能性高出百分之五十。一名諾貝爾獎得主告訴我，他認爲傳統的講述式教學簡直「不道德」。

另外一個例子是自我測驗。有確鑿的證據顯示，自我測驗這個策略能大幅提高學習效果，有時甚至可以提高百分之五十，但學生很少採用這個方法，寧可草草把課本再翻一遍。（說到自我測驗，我試著把這本書當作範例。你會在書中發現許多「隨機測驗」，幫助你更徹底地記住自己讀過的內容。書末會附上這些測驗題的答案。）

某個程度上，這本書是我在美國一所頂尖智庫的工作成果。從迷惘的小學時期開始——或者說得更精確一點，因爲我那迷惘的小學階段——我便著迷於學習。大學畢業後，我致力於提供學生更好的學習機會，進入《教育週刊》擔任研究員。接著，我到《美國新聞與世界報導》負責報導教育和其他社會議題。

最後，我成了位於華盛頓特區的智庫「美國進步中心」的高級研究員，開始和一群研究人員及政策專家合作，深入檢視教育問題。這些年來，我的研究產生了一些影響，從激發《今夜秀》裡的俏皮話，到促成教育政策方面的改變。

但不僅如此，這本書還以許多研究「學習」這件事的科學家和研究人員的工作成果爲基礎。過去幾十年來，這個領域已經從一個冷僻的主題發展爲成熟的研究領域，但大多數的研究發現還是被埋在滿是塵埃的學術期刊和晦澀難懂的政府報告裡，觸及大衆的太少太少，改變人們學習方法的太少太少。

本書不是另一本分析「美國的教育系統出了什麼問題」的著作，旨在推動政策調整的書已經夠多了，我比較想要畫出學習過程的輪廓，說明最有效的學習方法是什麼。接下來我會更詳細地提出這個概念，描繪一個有研究支持、可以讓你精通某項知識或技能的通用方法。

不是所有學習活動都需要按部就班地進行。比方說，如果要學習爲汽車換輪胎，按照下面描述的每個概念去做也許有幫助，但大可不必；然而，如果一項技能值得深入理解，那就值得好好熟悉一下，也就必須採用下面這樣的系統化學習方法來逐步掌握：

價値感：如果不想學，就不可能學得會。想要精通，就必須把自己打算學習的知識和技能視爲有價値的。此外，還必須創造意義。學習就是關乎理解某樣事物的意義。

目標：在精通某項技能的早期階段，「聚焦」是關鍵。我們必須弄清楚自己想要學的究竟是什麼，並且設定目標。

提升：某些形式的練習可以讓你比其他人取得更好的成績。在這個學習階段，我們必須打磨自身技能，採取專門步驟來提升表現。

延伸：在這個階段，我們要在掌握基礎之後，去運用自己知道的東西。我們要充實自己的知識與技能，創造更有意義的理解形式。

形成關連：在這個階段，我們要看看自己掌握的所有知識如何結合在一起。畢竟，我們不想只是知道某個細節或步驟，而是想要知道這個細節或步驟如何與其他的事實和步驟互動。

反思：在學習過程中，我們很容易犯錯，很容易太過自信，所以必須重新審視自己知道的東西，重新思考自己的理解，從學習中學習。

學習往往是一種心智活動，越是積極主動參與，學得越多。如果你在閱讀一段新的課文，問自己幾個問題：這段文字在講些什麼？作者試圖表達的觀點是什麼？裡頭有沒有令人困惑的地方？

同時，也要管理自己的學習過程：你有沒有得到一些回饋意見？有沒有用某個標準衡量自己的表現？如果你要去演講，可以錄下自己的演講過程；如果你在寫一篇文章，不妨請一位朋友從頭到尾讀一遍；若是在學西班牙語，就去跟以西班牙語爲母語的人交談。我們必須爲學習設立目標，弄清楚自己到底想要知道些什麼。

此外，別忘了審視自己的思考過程：你眞的理解了嗎？有沒有想過爲什麼免不了會忘記一些內容？在這方面，一段時間內的持續學習非常關鍵，畢竟我們常常想不起某些事實和細節——據估計，人在一小時內就會忘記所學內容的一半；意思就是，我們應該在幾天、幾週，甚至幾個月以後，複習一下自己學到的東西。你會發現，光是多做些抽認片，然後進行更多抽認卡練習，以拉開學習間隔，就能讓學習成果提升百分之三十。

情緒也扮演關鍵角色。我們通常認爲學習是純理性的，是深層的邏輯與推理過程，然而，我們的大腦卻不是這樣運作的。習得某項技能的過程往往既是認知性，也是非認知性的。就這一點來說，如果我們不相信自己可以學習，就不可能學得會。好比引擎既需要潤滑油也需要燃料，才能正常運轉，我們的大腦也一樣，既需要理智，也需要情緒，才能有高水準的表現。

爲了習得某項專業技能，我們還需要尋找「關連」，有效學習往往可以歸結到看見一個知識體系的內在關連。所以，問問自己：有沒有一個類比物可以幫助解釋這個概念？這個概念與其他領域或主題有什麼關係嗎？假設你在學習黑洞的物理特性，你能想像有什麼事物和它在概念上相似嗎？黑洞類似排水孔嗎？像瀑布嗎？像垃圾桶嗎？

最終，有更好、更有效的學習方法，而我們必須更加努力，讓每個人獲得成功所需的技巧。在今天的世界，僅僅只是聰明或記住大量事實遠遠不夠，目標要放在成爲高效學習者，一個可以善用二十一世紀所有工具的人。希望本書可以讓你知道如何實現這個目標，並激發巨大改變，這樣所有人就能充分利用自己的深層能力，去習得新的技能。

---

① 《魔球》是一部關於職業棒球的電影。主人公比利．比恩是美國職棒奧克蘭運動家隊的總經理，因爲球隊老闆不願意提供更多資金，逼得他不得不改變以高薪留住或挖角明星球員的傳統做法，運用數據分析，以最少的資金買到那些被其他球隊低估的球員，最終帶領球隊取得驚人成績。

第 1 章
尋找價值

動機是習得任何一項技能的第一步。若在某樣事物中看不到任何意義、任何價值，我們就很難學得會。

動機是學習任何技能的第一步

傑森．沃夫森已經記不清創造過多少樂高模型了。他家的地下室布滿他的作品，一條龍、一架飛機、一隻翅膀約十五公分長的飛蛾……盒子裡、塑膠袋裡、桌子上還有更多，包括一部造了一半的登月小艇、一座比薩斜塔、一個牛仔——全都是用樂高積木組裝而成。

沃夫森的樂高模型裡，有些已經完成——大型的巧妙作品，既有安迪．沃荷的藝術特點，又有點像玩具，還有點像現實生活中的幻想。其他的則還在打造，例如一個人工心臟。總之，整個地下室的地面、牆上，直堆到天花板，都是沃夫森的「建築材料」——數十萬個塑膠積木。

「這些流星眞是太棒了！」沃夫森從一個塑膠盒子裡取出一顆灰色的小流星放在掌心，像展示某種稀有鑽石一樣展示給我看。

其實，沃夫森看起來不像樂高愛好者。他熱愛電影，喜歡去佛羅里達度假，喜歡週末去健身。他在費城郊外長大，高中時是田徑選手，大學時則是兄弟會的活躍分子。現在，他是一名工程師，已經結婚了，每個獨立紀念日都會在家門口懸掛一面很大的美國國旗。四十多歲的他頭髮略顯稀疏，終日穿條牛仔褲，而且時常引用二十世紀八〇年代電影裡的臺詞。

然而在很多方面，沃夫森對樂高的興趣又完全合理。帶我參觀地下室時，他不斷說著一個個小故事，解釋每個模型的重要性。在展示《芝麻街》布偶 Gonzo 的實際大小複製品時，他告訴我，他的妻子非常喜愛知名藝術家吉姆．韓森創造的這個布偶；展示小積木砌成的藍色警察崗亭時，他開始講述自己對英國長壽科幻劇《超時空奇俠》的熱愛；提到他曾經用幾百塊樂高組成《愛麗絲夢遊仙境》裡的惡龍，他會滔滔不絕地講述自己對這部小說不變的愛。

起初，沃夫森的故事聽起來很可愛、很吸引人，但後來我發現，那些故事是他對樂高的投入至關重要的一部分。它們讓沃夫森的樂高模型變得有價值，變得重要，變得有意義。

歸根結柢，沃夫森不是對成堆的小塑膠積木塊有興趣，而是著迷於用這些樂高積木搭建出自己最愛的小說的某個場景，或是最愛的電視影集裡的標誌性電話亭。

在某種程度上，我們都有沃夫森的部分特質。我們不一定像他那樣著迷於《愛麗絲夢遊仙境》、《芝麻街》布偶或樂高積木，但是在心中，我們都透過「意義」這個框架看世界。我們會從事自己認爲有價值的活動。

對學習來說，這一點至關重要。**動機**是習得任何一項技能的第一步，若在某樣事物中看不到任何意義，我們就很難學得會，所以本章一開始就要先來檢視價值如何驅動學習動機。

不過，意義之所以重要還有另一個原因——它是「理解」的第一步。本章的後半部分會解釋這個概念，並討論「在想要學習的事物中發掘意義」的重要作用。

覺得某樣事物對自己有價值，我們才有動力學習

意義的價值源自大腦。儘管十分精密複雜，我們的大腦還是以說故事的方式運作。我們就像電影導演，總是會創造某種故事、某種理解、某種意義。比方說，走進一個從沒進去過的房間時，你會立刻想出一個負載著價值的故事，來解釋這個房間的用途。如果房間很寬敞，有一張乾淨明亮的長桌，你可能會想，這是個會議室；假如地上放著幾個槓鈴，你也許會覺得，這是個健身房。

面對視錯覺圖，我們也會出現這種狀況。有時我們會在圖上看到一名年輕女子，有時看到的則是一位老婆婆——但總是會在圖像中看出某種意義，而不是覺得那只是一些雜亂無章的線條。

這不只是一種認知上的怪癖，因爲意義是我們必須創造的東西。人在世界中尋找自己的價值，以意義作爲一種視角，一種心智框架，一種認爲某樣事物極其重要或無足輕重的態度。說得更直接一點，**價值是驅動我們去學習的終極燃料**。我們之所以有動力去習得某項專業技能，是出於意義的力量。

還是以樂高爲例。樂高積木之所以在成人世界廣受歡迎，是因爲積木讓人很容易找到與自己的關連。現在的樂高展覽動輒吸引數萬名觀衆，《積木世界》之類的雜誌則會記載最新的積木

組裝方法。此外，還有專門用來提升積木堆砌技巧的各種樂高課程和書籍，劍橋大學甚至有個樂高教授。

沃夫森就因為這個理由，花了幾十年精進自己的樂高組裝技巧。出於他在積木作品中找到的意義，他學會搭建出曲線結構——這很難，因為積木本身是方塊。為了造出平滑的外觀，沃夫森還發展出讓積木上的凸點藏在作品內部的技術。而針對某個計畫，他甚至設計了一個新程式，讓這個樂高作品可以在有人經過時播放音樂。

在我離開前，沃夫森拿出一個樂高砌成的深藍色登月計畫套組。那是他五歲時在爺爺家的餐廳裡，蜷在餐桌旁的一把椅子上完成的。沃夫森小心地拿著這個模型，向我展示每個細節。這個作品是對童年的他的一首頌歌，價值非凡。

✔意義不會自動找上門，必須自己去發現

提到學習，意義不會自動找上門，是我們必須自己去發現。

以統計學為例。資料分析毫無疑問是非常強大的工具，實際上，現今在很多領域，無論是銀行業、醫學界或運動管理，對統計學如果沒有一些基本的理解，幾乎寸步難行。

然而，人們不會天生想要精通統計學。大多數人討厭複雜的線性迴歸——或是傳授這個主

題的枯燥教學方式——對反覆審視統計數字、畫柱狀圖也缺乏熱情。

維吉尼亞大學心理學教授克里斯．胡勒曼非常了解這種緊繃關係。身爲研究學者，他的每一部電腦上都安裝了統計軟體，例如R或Stata，因爲沒有經過任何一種扎實的資料分析，基本上不可能發表任何一篇論文。

然而，大部分來修他的心理學的學生一提起相關性分析就牢騷滿腹，抱怨連連。他們覺得統計學單調乏味，令人痛苦、厭煩，對他們的生活毫無價值、毫不相關。

大學時期，胡勒曼是美式足球的明星進攻內鋒，至今仍保持著長期從事競技運動的人那種渴望成功的積極態度。幾年前，他決定試著解決這個問題，看看能否激發學生對統計學的興趣。於是，他讓一些學生寫下統計學爲何與他們的生活有關。

胡勒曼和他同事的目標是幫助學生發現資料分析工具的價值，研究人員用問題引導他們，例如：「你能想像自己在生活中運用統計學嗎？」「如果你是個護理師、業務員或經理人，你能想像自己在工作上運用統計學嗎？」然後，每個學生花一些時間寫一篇短文，大概都寫了一、兩頁。

結果非常明顯。藉由找出自己的生活與統計學之間的關連，那些學生更有動力學習了，有幾個人的成績甚至提高一個等級，從C跳到B；換句話說，透過闡明統計學爲何對他們未來的工作、他們的嗜好、他們有一天會建立的家庭很重要，就大幅提高了學生的學習水準。

此後，胡勒曼在許多不同的場合推出類似的做法。他曾經讓高中生寫下科學對他們的生活有何價值、對他們爲何很重要；他還跟社會心理學家茱蒂絲·海拉齊維茲合作，提供學生家長一本小冊子，讓他們跟孩子討論科學會如何形塑未來的職業，並建議家長可以採取哪些方法讓孩子的科學家庭作業看起來更有意義。

不可避免地，會有一、兩個人寫下一些難聽話，例如有個高中生就以反抗的語氣寫道：「你少來浪費我的時間！」但大部分人都願意參與。有些學生會寫下將來在公司工作時，會有哪些地方需要用到數學，有些則提到種種技能對他們的個人生活會有何幫助。很多人都覺得，掌握一項專業技能這件事本身就令人愉悅。

在與胡勒曼討論的過程中，他指出有很多方法可以創造價值感，例如獎勵、新奇與環境，這些對於讓人感受到某種意義都有所影響。就這一點而言，內在動機——或者說內在興趣——本身就是一種價值。我們做某件事，是因爲自己想要做。但胡勒曼說，人最終還是必須找到自己跟某個主題的關連，才會有動力去學習那個主題。

與胡勒曼合作的心理學家肯恩·巴隆提供了另一個理解這個概念的方式。不久前，巴隆列出一個公式。「我試著把自己四十年的研究歸結到一張餐巾紙上。」他告訴我。那個公式是：

動機＝付出（或完成某項任務所需的努力總和）＋期待感（或自我效能的概念，下一章會

討論）＋價值感（或意義）

巴隆認爲，最後一項因素通常最爲關鍵，決定了「我要不要做這件事」。我們對巴隆的論點再熟悉不過了。畢竟，我們都聽過老師說：「這個很重要。」提起學校作業，過去我父母也不厭其煩地嘮叨：「你將來會用到這些東西的。」現在則是公司的人資部門提醒我：「你的退休帳戶對你未來的生活很重要。」

然而，這項研究的關鍵不在於此。簡單說，僅僅告訴人們某樣東西很重要是不夠的。事實上，胡勒曼發現，單純告訴人們某項資訊有價值也許會產生反效果。當我們被告知應該有什麼感覺或應該怎麼想時，可能會覺得受到威脅或過度干涉。

相反地，人們需要自己在所從事的活動中尋找意義；換句話說，價值必須由人賦予事物，由個人賦予知識或技能。「人要在自己所學的事物和自身生活經歷之間建立連結，」胡勒曼說，「而價值是做到這一點的方法，促使人們思索：『這對我來說爲什麼重要？』」

優秀的演說家常常這樣做，而一個好的簡報者會確保自己準備的材料與聽衆有關。美國前總統比爾．柯林頓就以這種魅力出名。如果演講題目是馬爾地夫，像柯林頓這樣老練的講者也許會巧妙地問問聽衆有沒有去過馬爾地夫；假如主題是某場戰役之類的，他就會問有沒有人有親戚在軍隊服役；在討論某項無聊的資訊科技工具？就讓聽衆想想自己的電腦。

這個概念也解釋了爲什麼我們對自己經歷過或將要經歷的事，學習起來更有動力。提到學習，我們的動力來自想要了解自己所處的世界。我們想要塡補自己的知識缺口，想要看見價値，然後，意義就能自我永續。我們對統計學懂得越多，就越想知道與統計學有關的事物。

假如我知道某件事，例如金星是太陽系中最熱的行星，就會更想知道得更多：爲什麼金星那麼熱？或者，如果我懂一點資料分析，就會更有興趣了解辛普森悖論（在這個著名的統計學悖論中，分組統計與整體統計的趨勢呈現相反的結果）。

以樂高爲例，這個概念顯而易見，或者至少在我走進樂高大展「積木博覽會」那一天，這個概念對我而言很明顯。

積木博覽會據說是全美最大的樂高展與粉絲大會，沃夫森建議我去參加。當我在展區通道走來走去時，發現大家的作品對他們而言都是意義非凡的。

一個男孩告訴我，他曾經用一把M4A1步槍射擊過，便以樂高組裝了一個卡賓槍模型參展；另一個叫布雷特·哈里斯的男士曾經在海軍陸戰隊服役，所以打造了一些軍事題材的作品；而創造了一個野餐桌大小的梵蒂岡城的人，則是一名天主教神父。

在會場晃來晃去時，我碰見了布萊恩·梅利克。他身材矮小，但眼睛明亮，聲如洪鐘，有著超乎常人的熱情。

梅利克是個鼓手，一直以來都很著迷於利用身邊的物品教學生學習打擊樂。所以他在上課時，會先講解一些打鼓的原理，例如搖晃、摩擦這樣的發聲方式，然後讓學生利用他們可以找到的任何一樣東西——盤子、管子，甚至樹枝——來發出搖晃或摩擦的聲音。梅利克說，這樣的上課方式「有助於我們與自己所處的環境連結」。

我一直記著梅利克的方法，結果那一整天，我都在觀察人們與積木連結、從自己的樂高作品中找出價值的方式。那天下午，有一場講座的主題是如何親手設計自己的樂高人偶。我還看了樂高船賽，一群鬥志昂揚的「船員」在飯店的游泳池用他們的樂高船比賽。會場裡甚至有個用簾子隔開的空間，叫「留下來玩吧」，人們可以在裡面創造自己認爲有意義的東西。

這種非常個人化的激發動機方式，其應用範圍遠遠不只限於樂高，而最終，關於意義的力量最有意思的地方，也許就是它太容易被低估了。我們基於各式各樣的理由忘了人終究是想要意義的，而且必須靠自己找到那個意義。我們知道意義很重要，只是忘了意義就像一條河流，充滿力量，蜿蜒曲折，只往一個方向流動。

《當個創世神》這款電玩是個絕佳的例子。

幾年前，程式設計師馬庫斯．佩爾松發表這款遊戲時，幾乎沒人相信它會成功。畢竟，這款遊戲既沒有戲劇性的汽車追逐，也沒有冒險場面，連判定輸贏的計分機制都沒有。

相反地，這遊戲只提供方塊，讓人在遊戲世界裡建造自己想要的任何東西。玩家可以用方塊搭建綿延的城堡，也可以建造一座艾菲爾鐵塔，反正這是你的遊戲。不過，如同佩爾松傳記的作者所言，當時沒有一個銀行業者願意投資，他們認為這款遊戲完全違反了所有人對於「大家在電玩中想要些什麼」的看法。

不過，儘管與一般的觀點及龐大的射擊遊戲市場不同，《當個創世神》還是成為史上最受歡迎的遊戲之一，全世界有超過一億名玩家，銷量超過《俄羅斯方塊》《超級瑪利歐兄弟》，甚至《決勝時刻》。這是為什麼？因為這款遊戲讓人很容易創造與自己有關的東西，感受到對個人的意義。如同佩爾松最近對一名記者說的，透過《當個創世神》，「你可以建造自己想要打造的任何事物」。

找到想學習的事物與自己之間的相關性

耶魯大學的管理學教授艾美．瑞斯尼斯基進行過一項以醫院清潔人員為對象的訪談專案。起初，瑞斯尼斯基的發現跟你想的一樣：醫院清潔人員似乎是為了錢才來這裡工作。他們每天到

隨機測驗2

右腦人更有學習動力。是或否？

醫院刷馬桶，是爲了確保每個月都有錢可以付房租；換句話說，錢是他們每天在醫院打掃、拖地的動力。

然而，隨著時間過去，瑞斯尼斯基發現，許多清潔人員也把自己視爲醫院重要的一分子。有些人會留意觀察某幾名患者每天是否都有人來探視；有些人會爲醫院牆上的畫作換位置，吸引患者的注意力；一名清潔人員告訴瑞斯尼斯基，他覺得自己是醫院的形象大使；還有一個人稱自己爲「療癒者」。

這些清潔人員遠比其他同事更投入工作，而且通常對自己的生活更加滿意。「這並不是說，他們做的是同樣的工作，但感覺更好。」瑞斯尼斯基提到，「他們做的是不一樣的工作。」簡單地說，這些清潔人員在他們日常的辛苦工作中發現了更多意義與價值，因此覺得更滿足、更有成就感。

醫院訪談專案結束後，瑞斯尼斯基開始深入研究，結果發現，成就感最大的驅動因素之一是意義。不只是快樂，不只是獲利，人們希望自己的人生有價值，而那些認爲自己感受到更多意義的人，比較不焦慮、身體較健康，對生活也較爲滿意。

爲了幫助大家善用這個心理習慣，瑞斯尼斯基和同事設計了一項職涯工具，並稱之爲「工作塑造」，其基本概念是：改變你的工作，讓它符合你的興趣。如果你是個外向的人，但在圖書館工作，就去塑造你的工作職責，讓自己變成圖書館的兼職導覽員；假如你在非營利組織工作，又很喜歡資料分析，那你可以考慮幫行銷人員分析社會趨勢，提升募款效果。

賈斯汀．伯格在成爲史丹佛大學的商學院教授之前，與瑞斯尼斯基一起做過研究，他的一部分任務就是以經歷過工作塑造過程的教育者爲對象進行訪談。一名教師有個「成爲搖滾明星」的祕密願望，便開始將滾石樂團之類的表演引進他的教學內容中，有時甚至模仿米克．傑格在桌子上走；另一名教師喜歡電腦，所以在學校承擔了更多技術工作。「一切就從你對自己的工作抱持的心態開始，」伯格告訴我，「你能找到方法讓工作變得更有意義嗎？」

學習動機往往也需要類似的東西，就稱之爲「學習塑造」吧，也就是要讓我們想學習的事物與自己更相關。這是一個在我們想要掌握的技能中尋找意義——從而找到學習動機——的方法。

這種方法主要是必須**改變觀點**。你正在學習網頁設計之類的技能，但對電腦基本上沒什麼興趣？那就想一想網頁設計這項技能如何應用在你感興趣的領域，例如女裝時尚或羽毛球。正在學習破產之類的財務概念，但不喜歡跟錢有關的話題？那就試著把這個學習主題塑造得跟你有關，想一想破產相關知識如何幫助你瀕臨破產的叔叔。

學習塑造這個概念是以一個顯而易見的事實爲基礎：人都是不一樣的。每個人有不同的興趣、不同的動機、不同的個性、不同的愛好、不同的背景、不同的關注點，然而，我們沒辦法總是按照自己的喜好選擇學習項目，有時必須掌握統計學，有時必須學會開車，或者精通公司用的軟體。

碰到這種狀況，解決方法就是「學習塑造」，或是**在你被指定要精通的事物中尋找意義**。實際上，這意味著問問自己：這個學習內容對我有什麼價值？如何讓它與我更相關？我如何將這項專業技能應用在自己的生活中？

這個概念也解釋了爲什麼學習者需要一些自由。我們通常需要空間來尋找價值，而有大量研究支持讓學生掌控自己如何學習某個科目這樣的做法。例如，在最近的一項研究中，研究人員讓一組高中生對自己的作業有一定的選擇餘地，另一組則一點選擇都沒有。研究結果顯示，有更多自主權的學生展現了更強的學習動力，學習成果也好得多。

有些學校和培訓中心已經採用學習塑造的做法，儘管他們一般不用「學習塑造」這個詞。在華盛頓特區的聖安德魯聖公會學校，學生通常可以選擇如何展示自己的學習成果，從參加傳統考試到製作一支影片都行。根據該校「教與學改革中心」主任葛倫·惠特曼的說法，學生通常寧可花三、四倍的時間創造某種獨立項目來展示自己的技能，也不願意參加傳統考試，因爲這讓他們「發現更多意義、相關性及個人所有權」。

即使在像樂高這種看起來屬於遊戲性質的事物上，也需要一些「學習塑造」。我拜訪過一個小小積木建築師夏令營，那裡的一條基本規則是：不給予任何指導。也就是說，沒有樂高組裝手冊或樂高套組，學生們必須自己決定要建造什麼，以及如何打造。

樂高公司顯然不是這樣賣積木的，他們銷售的每個套組通常都會附上詳細的組裝步驟，但這個夏令營採取了完全不同的做法。我去拜訪的那天早上，聽見營隊老師一開始就告訴學生，不會有任何指導，他們必須發揮自己的創造力。

這條規則讓人有點不太能接受，幾個十歲大的孩子大聲嘆氣，表達自己的沮喪，要是再小幾歲，有人就要哭出來了。不過，學生們很快就安靜下來，沉浸在樂高積木的組裝活動中。一個女孩拼出了一隻凶猛的爬蟲類，另一個女生則打造了一隻電玩裡的動物，他們顯然比照著說明書拼積木投入許多。

我問一個穿藍色T恤的男孩：「你還想要積木的組裝說明書嗎？」

他搖搖頭說：「現在這樣比較好玩。」

「我想把家裡的積木說明書全扔了，那樣就連媽媽也不知道怎麼才能拼出原來那些模型了。」坐在他旁邊的女孩說道。

這裡要提醒大家注意一件重要的事：無論是樂高或法學院，指導都很重要。當專業知識或技能被分解爲一塊一塊時，我們學起來最有成效（這個我們之後會討論），但爲了保持專注投入，爲了維持學習動力，我們也需要有選擇餘地。我們必須參與塑造自己的學習。跟賈斯汀·伯格聊天時，他告訴我：「許多人可以從深入發掘自己想要從事某種職業的欲望中獲益。」他指的是工作，但學習也一樣。當涉及習得專業知識或技能時，我們必須深入挖掘自己想要從事某種職業或活動的欲望。

尋找價值是出於人類本性

讓情境動機轉變為深層動機

我們還有個重要問題沒解決，而那就是我們必須追求意義的原因。問題的答案涉及我們身爲人類這個物種的本質，而在許多方面，我們對意義的渴望與我們對「發現」的渴望有關。我們之所以有學習動機，往往是因爲我們想要學。人尋找價值，是因爲他們演化爲尋找價值的狀態。

這段話的意思沒有聽起來那麼迂迴。每次打開網路瀏覽器，我都對自己想要「發現」的強烈欲望感到詫異。那天，我隨手點開 BuzzFeed 上一則標題爲「讓你恢復對人性信心的二十一張照片」的新聞。儘管知道自己不該這樣做，我還是忍不住快速瀏覽了一下裡面的圖片，其中有一隻戴著氧氣面罩的貓、兩名男子在拯救一隻落水的綿羊、一個無家可歸的女孩獲得一雙新鞋。

然後，我瞄到另一則標題：「登山入門者必爬的十六座山」，接著又跳到另外一個地方。我忘了這些超連結的本質——無論是某個 YouTube 頻道、某個維基百科頁面，或是一幅蟒蛇吞噬鱷魚的動圖，都會像《愛麗絲夢遊仙境》裡的兔子洞一樣，讓人分心走神。

心理學家雅克·潘克賽普很早以前就主張，人天生就是要這樣尋找、探索，並將探索描述爲「系統之祖」。對潘克賽普而言，人的情緒依靠這種探索的強烈欲望運轉，他認爲感受往往是探索這個行爲的晴雨表，可以告訴我們在探索過程中表現得如何。

潘克賽普的觀點解釋了爲什麼人在嘗試新事物時會覺得快樂。尋找新穎事物的過程中，讓人感覺良好的多巴胺濃度會上升。反之亦然：憂鬱往往可歸結爲一種認爲這個世界毫無意義的感覺，其典型特徵就是缺乏探索行爲。

在這個意義上，探索就像吃與睡、性與愛，是源自DNA的行爲，而毫無疑問地，我們受情緒驅動的探索欲望有長久的演化歷史，畢竟，新事物往往最危險，卻也帶來最大的回報。新的概念、新的種族、新的動物，這些事物可能對我們有幫助，也可能摧毀我們，而隨著時間過去，它們開始擁有自己的特殊價值。

從古至今，生命沒有太大的變化，受情緒左右的探索行動仍是我們日常行爲的核心：早上睡眼惺忪地起床，第一件事就是看看今天有什麼新聞和找衣服，然後習慣性地找早餐，「那盒葡萄乾麥片又放哪裡去了？」接著，你覺得必須找出車鑰匙——到了離開家門的時候，你已經本能地尋找過許多不同的東西了。

這裡的重點是，動機——或價値——就像理性一樣，屬於原始感覺，我們不斷地探索、尋找，是出於人類本性。人類這個物種就是探索者。花一小時從一個網站逛到另一個網站，從維基百科到八卦新聞網，再到《華盛頓郵報》，不單純是在浪費時間（儘管很多時候的確是），這樣做也爲我們帶來一種短暫的愉悅。

這種尋找、這種發掘，往往是學習的第一步。爲了產生價值感、產生渴望的感受，我們嘗試、探索，想知道有什麼東西符合我們的興趣和價值基準。如果我們想要學習工程學，可能會去擺弄樂高積木；假如想了解美國國父華盛頓和特倫頓戰役，我們也許會去查維基百科。

某種程度上，我們對自己到底需要知道些什麼有一定意識，會產生一種渴望感。用心理學家蘇珊．希迪和肯恩．巴隆的話說，我們產生了一種情境動機。請把情境動機想成心智的誘餌，而我們都非常熟悉，這種充滿多巴胺的驅動力可以被哪些事物激發：閃亮的圖像、響亮的聲音，或者可能只是一對貓夫妻的影片。

這種動機可能很持久，也許會持續一整個上午，直到我們點完〈四十件讓你感覺衰老的事〉這篇文章裡的所有連結。但更多時候，這種動機是轉瞬即逝的，一出現就消失，我們的注意力已經被下一件事吸引，可能是一聲鐘鳴，也可能是一串刺耳的哨音。

相較之下，有一種動機也許可以稱之爲深層動機。這種動機比較深刻。如果情境動機是心智的誘餌，深層動機便是一種陷阱。就是這種動機促使一個人花費數十年時間研究有機化學，或者精進自己的擊劍技藝。

那麼，情境動機要怎樣才能變成深層動機？這就要回到「價值」這個概念——最終，只有「值得去做」的感覺才能讓動機陷阱維持封閉。「意義」是情境驅動力和個人內在驅動力之間的分界線，當我們發現某樣事物是有意義的，它就變成一個更為私密的動機了。

希迪和她的同事安．倫寧格解釋了這個過程。在第一階段，動機通常跟情境引發的興趣有關。比方說，你在YouTube上偶然看到一段講述奧坎剃刀原則（最簡單的解釋往往最好）的影片，影片簡潔有力，於是你的注意力就被吸引了。

在第二階段，人會開始在自己投入的題目中發現某種價值。於是，在觀看這段影片時，你開始了解到奧坎剃刀原則可以怎麼幫你贏得辯論——以及解決問題。現在，你之所以繼續看這段影片，是因為它對你有價值。

在第三和第四階段，動機往往逐漸內化，如果我們對某個題目投入足夠的注意力，興趣就會發展成一種更豐富的動機。比方說，當你對奧坎剃刀原則所知甚多時，就會在這個概念的不同解釋中找到價值，並且對它如何運用在醫學或運動等各種領域深感好奇。

當然，上述情形不一定會發生，因為人的個性、經驗、背景、文化都會產生影響。然而，我們必須支持自己的探索系統，支持自己想要「知道」的渴望。實際上，這意味著有時可以讓自己在維基百科上閒逛，去發現新概念，或者花點時間看有趣的紀錄片，或者，甚至只是騰出時間體驗新鮮事物也不錯。

同時，我們必須了解，當學習變得困難時，我們需要情緒上的支持。換句話說，我們必須管理自己的探索系統，好讓事情完成。就我而言，我把動機看成一把火，需要情緒火花讓它燒起來，但如果沒有善加管理，這把火可能很快就會熄滅——或者失控。也就是說，太少探索、太少興奮感，我們會失去求知的渴望；然而，探索得太多，你可能會花一整天在 BuzzFeed 網站上看〈搞不清楚火焰運作原理的人〉這篇文章。

我們的社交層面對學習有重大影響

BuzzFeed 這類新聞網站的成功，暗示了另外一種創造價值和學習動力的方式——從我們的社交面切入。畢竟，BuzzFeed 或 TMZ 的受歡迎，很大部分跟我們的群體習性有關，這些網站的目標是創造讓我們樂於與朋友分享的素材。比方說，讀到〈搞不清楚火焰運作原理的人〉之類的文章後，我們可能就會轉發給親朋好友。

在這個意義上，同儕會提升價值感。他們幫助我們看見意義，尤其是涉及學習的時候。舉個不一樣的例子：蘭斯頓．汀靈—克萊門斯雖然已經從巴克內爾大學畢業十年了，依然記得上化學課時舉手提問的情景。

克萊門斯身材瘦小，當時的座位靠近教室前方。那時他大一，總是穿得很講究，喜歡佩戴領帶夾、穿蘇格蘭紋的襪子，家人開玩笑說，他是穿著套裝出生的。即使參加體育活動，他也會穿著搭配好的服裝。

巴克內爾大學當時有三千多名學生，其中只有幾百名黑人學生，克萊門斯自己則是化學課堂上唯一的非裔美國人，其他同學全是白人。那天他舉手發問時，有好一陣子，他覺得教室裡的所有人都在盯著他。時間一秒一秒流逝，當教授終於回答完他的問題，克萊門斯覺得好孤單，腦中有個微弱的聲音喃喃問著：「我真的應該待在這裡嗎？」

克萊門斯最終放棄了這門化學課——不是出於學業方面的原因，他可是畢業自華盛頓特區數一數二的高中。讓他放棄的，是一種「外來者」的感覺，而在他就讀巴克內爾大學期間，這種感覺時常出現。「由於我是許多課堂上唯一的黑人學生，走在校園各處都會被人認出來。」克萊門斯告訴我，「很多我不認識的人跟我打招呼，讓我一頭霧水。」

出外上大學對每個人來說幾乎都很難：不僅是初次離家生活，還要建立新的朋友圈，而且課程的難度更高。但是對有色族裔學生來說，情況更是艱難。他們通常缺乏歸屬感，很難融入。對他們來說，大學裡的文化與家裡的文化截然不同。「我有時覺得自己像一座孤島。」克萊門斯告訴我。

幾年前，黛博拉．畢爾決定研究這個問題。她啓動一項計畫來協助被大學「忽視」的學生，藉由提供更多社交支援，幫助他們成功。這個計畫叫「社群團隊」，是把弱勢的有色族裔學生以十人為一組，送到全美各地的大學，每個「社群團隊」都確保其成員擁有可以支持自己的朋友圈。

克萊門斯是就讀巴克內爾大學的第一組「社群團隊」學生之一。儘管在化學課堂上的經歷不甚美好，這項計畫提供了一個讓他覺得自己很正常的途徑。克萊門斯會跟團隊裡的其他學生一起聽音樂、外出吃飯。他們會聊聊在課堂上覺得尷尬的時刻，然後打打籃球發洩鬱悶之氣。這個團隊小而親密，其中一名成員還成了克萊門斯結婚時的伴郎。

這種情緒上的支持在學習過程中創造了一種價值感和意義。「社群團隊」計畫中的學生大學畢業率遠高於同儕，到達百分之九十幾。克萊門斯最後取得巴克內爾大學歷史與宗教雙學位。大四時，他擔任學生團體的主席；而今天，克萊門斯把自己順利從巴克內爾大學畢業歸功於「社群團隊」計畫的幫助。

如同許多與價值和意義有關的事物，我們對歸屬感的需求往往被忽略了。部分原因是社交線索往往很隱約，親密無間感、社會價值感通常是透過無聲的方式暗示，例如口音、語調變化、身體姿勢。

這意味著，社會動力學上的小小轉變，都可能帶來驚人的重大影響。例如，一項研究顯示，名字聽起來像亞洲人（如印度常見的名字維韋克）的亞洲學生，數學成績比較可能高於那些名字像歐美人（如艾力克斯）的亞洲學生。這是爲什麼呢？因爲老師們假定名字聽起來像亞洲人的學生「比較認眞」看待數學課，因此會有更高的期待，並提供更具針對性的數學課程指導。

此外，我們通常只有在與其他身分相比時，才會發覺自己的社會身分。例如，只有在德國，我才覺得自己是美國人。身處中歐，我才意識到那些讓我成爲美國人的習慣（大嗓門、自來熟），老實說，比起大部分德國人，我嗓門大得多、熱情多了；反之亦然，生活在美國時，我才覺得自己更像德國人，跟大部分同儕相比，我守時多了。

儘管有各種細微差異，社會因素仍然對我們的價值感有巨大影響。家人與同儕、朋友與同事都會爲我們的學習活動提供情緒上的意義。當我們覺得有壓力、緊張或難過時，會向他人求助。考試焦慮是很好的例子——焦慮的應試者如果跟朋友的關係比較親近，考試成績會比較好。同儕的支持似乎提供了情緒上的緩衝物，可以抵擋考試帶來的精神壓力。他們讓我們更容易調節自己的感覺。

社會網絡也是一種動機。如果一個人缺乏歸屬感，學業方面的動力會少很多，成績通常比較不好。說得更具體一點，與朋友一起上課的人，考試成績通常比不和朋友同一班的人好。

這個概念也說明了爲什麼公開承諾會有那麼顯著的影響。當人們把自己準備做的事告訴朋友時，更有可能堅持那個目標。比方說，假如我們在臉書或推特上公開宣布自己準備念書以考取不動產經紀人證照，通常更有可能堅持住那個諾言，因爲我們希望對自己那一群人信守承諾。

這是同儕壓力、團隊與族群、小團體與朋友圈的正向面，如果一個人致力於學習，會讓其他成員更把時間投入學習中。我們不想當個局外人，或是顯得格格不入，或者顯得懶散，因此，動機和意義會在團體中傳播開來。「充滿動力」的感覺會從一個人身上跳到另一個人身上，如同某項研究宣稱的：「心智上的努力會傳染。」

涉及學習時，我們社交層面帶來的影響比你以為的大得多。想像一下，像哈佛大學這樣嚴格擇優錄取的學校，大家也許會認為讓他們脫穎而出的是學校的課程設計。教師、課程、硬體設施應該都具備卓越水準，畢竟這是哈佛學費如此貴的原因，因為學校必須為最好的教師、最好的教材、最好的教學大樓支付高額費用——至少哈佛的宣傳手冊是這樣說的。

但實際上，一個學生優秀與否，跟他身邊的其他學生有很大的關係。藉由種種社交壓力、基準，以及學業上的互動，其他學生對於提升學習成效大有幫助。事實上，在一些擇優錄取的學校，同儕這項因素在最終學習成果上占三分之二的比重。說得更直白一點，哈佛大學的成功和他們的教授、課程或硬體設施關係不大，反而與一同就讀哈佛的其他學生密切相關。

樂高積木在這方面可以提供一些洞見，再以本章一開始提到的傑森．沃夫森為例。為了維持對積木的興趣，沃夫森每個月參加一次樂高俱樂部的活動，地點就在當地的一家圖書館。跟每個關係緊密的小團體一樣，這個俱樂部的規範很嚴格：固定在當地一家餐廳吃午餐；嚴禁雜牌積木；未經許可亂動別人的作品會被趕出去。

我在一個週日下午去參觀他們的活動。這個團體儼然是個角色分明的大家庭：沃夫森愛交際，肯．賴斯是實際上的組織者，金．佩蒂擅長微縮模型，蓋瑞．布魯克斯則精通軍事歷史題材的樂高模型。

沃夫森坦承，樂高俱樂部也有發展不順利的時候。十年前，有幾名成員脫離這個團體，因為「不是每個人都能理解他們熱中的點」。但大體而言，這個樂高網絡提供了價值，提供了目的。沃夫森幾乎每個月都會去俱樂部。「我太太知道，在我的樂高活動日，她得自己找點別的事情做。」沃夫森告訴我。

至於前面提到的巴克內爾大學畢業生克萊門斯，他已經結婚，有個女兒，目前在華盛頓特區一所幾乎都是黑人和貧困學生的中學擔任英文教師。我們見面喝酒聊天時，他告訴我，他把他參與過的「社群團隊」計畫應用在自己的課堂上。

為了加強與學生的社交連結，克萊門斯每年都會去每個學生家裡進行家庭訪問。此外，他還擔任六個孩子的指導者，參與他們的運動比賽，帶他們出去吃飯，與他們建立更親密的關係。他也建議學生：找個良師益友。如果想要留在學校讀書，就跟那些會留在學校的人交朋友。

克萊門斯說，他希望他的學生有歸屬感，而他相信，這些社交連結最終會讓學生保持學習動力。他說：「我試著利用孩子們對我的信賴，幫助他們做正確的事。」

學習是一種心智活動

本章到目前爲止，我們一直在討論價値和意義是某種形式的動機，詳細解釋目的和相關性如何激發學習動力。

這些當然很重要，但提到學習過程，還有另一個尋找價値的理由——那其實是我們之所以學習的原因。我們學習知識與技能，是爲了理解自己的經歷、體驗，爲了解釋周遭的世界。

✓在認知上參與程度越高的學習方法，效果越好

當然，事情並不總是這樣。不久前，一名社區學院學生——姑且叫他「喬」——寫下幾個數學題的答案：

10×3=30

10×13=130

20×13=86

30×13=120

31×13=123

29×13=116

22×13=92

看出問題來了嗎？我問得更直接一點：30×13等於120？22×13等於92？一句話，喬好像不太懂數學。他不是很了解問題，也沒發現任何重要的模式。喬似乎只是想起幾個各自獨立的公式和一些基本的數學知識，然後試圖湊出解題步驟，好提供幾個答案——而且是錯的。

當然，這不是什麼大不了的事。記東西簡單多了，而且在許多領域，人們靠著死記硬背某個主題的相關知識，就很行得通了。事實上，喬還是勉力拿到高中文憑，上了一所社區學院。

在許多方面，更大的問題是，大家往往認爲專業知識是一種被指導者掌握在手中，或是被編纂在書本裡的東西，所以他們只要聽課、上網搜尋或觀看影片，那些資訊就會轉移到他們大腦裡了。

這種觀點是把學習當成了一種非接觸性運動，一個從某個源頭取得一些資料，然後塞進大腦裡的過程。你可以稱之爲「塡鴨式」教育。我們認爲有東西可學——一項事實、一些步驟、一兩條公式——於是想要把它們像舊襪子一樣，塞進大腦的儲存箱和抽屜裡。

然而，大腦不是這樣運作的，而雖然大家經常把大腦比喻成電腦，但這樣說也不太恰當。首先，這個概念會讓人覺得只要增加一些硬碟空間，你就會聰明很多；其次，它傳達了以下觀點：大腦只是被動接收資訊。

其實，更恰當的比喻是把大腦想成一套包含公路、高速公路、街道的道路系統。這個比喻提醒我們，一條簡單的道路——例如一條泥土路——很容易開闢，就是一直重複往前。學習也一樣：基本概念或技能往往很容易掌握。

此外，這個比喻還強調了一件事：對大腦而言，精通某項知識或技能是去理解事物，是有能力看見某個專業領域中各個部分的關連。換句話說，專精是去了解某項技能或知識領域裡面的深層連結網絡。

心理學家史蒂芬．周提供了一個理解此概念的不同方式。他時常跟班上學生做個小實驗，幫助大家了解「意義」在學習中扮演的角色，說明專精就是關於創造一種心理連結。

首先，周教授會把一張上面列出二十多個單字的紙發給學生，然後讓一半的人專注於那些單字的字母，數一數 g 或 e 總共出現多少次，另一半的人則聚焦於那些單字的「愉悅程度」。最後，他要求所有人回想紙上的單字。

這個課堂實驗複製了很久以前一項研究的內容，而毫無意外地，周教授的實驗結果與原始研究吻合：比起單純統計字母 g 在那些單字中出現的次數，採用比較有意義的方法——思考每個單字是否帶來愉悅感——所記得的單字數量更多。

而且，兩種方法的結果相差懸殊。在原始實驗中，採取更深刻的資訊處理方式的受試者——也就是與素材之間建立比較有價值的連結的人——他們記得的單字數量比沒有這樣做的人多七倍。即使在周教授非正式的實驗中，兩種方法記得的單字數量至少也有兩倍的差距。

「比起在毫無意義的表面層次思考某項資訊，採取有意義的方式去思考更有可能記住那項資訊。」周教授告訴我，「無論你打不打算學習該內容，結果都是如此。」

對想要學習某樣東西的人來說，這個概念之所以重要，還有另一個原因：意義也讓學習具備靈活性。所謂「理解」就是可以在不同狀況中運用知識與技能，如果已經弄懂某個專業領域——如果已經轉變了自己的思維模式——我們就可以在各種情境中解決問題。

以調製琴湯尼雞尾酒爲例，記住基本步驟很容易：如果希望你的琴湯尼味道濃烈，只須在每一份通寧水中加入一份琴酒，然後加上一片萊姆就可以了。

但是，爲了創造意義，爲了看見價值，爲了了解如何調製一杯好的琴湯尼，你應該去學習如何讓琴酒、通寧水和萊姆融合出美劇《廣告狂人》那樣的特殊雞尾酒體驗。因爲，無論遇到任何類型的問題，這種比較深刻的學習都會有所幫助。

想像一下，要調製琴湯尼時發現冰箱裡沒有通寧水了。這時，一個對這款飲料具備比較有意義的理解的人會知道通寧水帶點苦味，也許就會以柳橙汁代替；或者，如果琴酒和通寧水的瓶子都空了，他也許會把伏特加和薑汁汽水倒在一起，因爲這可以提供類似的味道。

涉及學習時，這個概念至關重要，値得再次強調：我們是爲了意義而學習，爲了塑造自己的思維模式而學習。這樣我們最終才有可能應用自己的知識，學以致用。所以，假如你是那個數學不太好的喬，你可能會採取不同的方式解答下列問題：

10×3=

10×13=

20×13=

30×13=

31×13=

29×13=

22×13=

觀察一下就會發現，這些問題有個模式：它們的乘數幾乎都是13。這個發現可以讓你更容易解答這些問題。

針對我們如何爲了意義而學習，珠心算這個計算方法可以提供一些洞見。

爲了了解珠心算如何運作，請在不使用任何工具的情況下——不用紙，不用筆，不用計算機——把下面這幾個數字相加。就只是在腦中解答這個問題：

86030

97586

63686

38886

怎麼樣，算得出來嗎？再增加點難度：你可以在不到一秒的時間內算出來嗎？

對大多數成人來說，這樣的計算會讓我們的腦子超載，大腦無法長時間記住這些數字。我們把個位的6相加，得18，然後記得進位1到十位，十位數相加後要再進位2，接著百位數相加，2加5加……我們的腦袋很快就塞滿一團糾結在一起的數字，這種混亂對我們的認知造成衝擊。

更重要的問題是：爲什麼我們做不到？我最近看過一個叫塞雷娜·史蒂文生的女高中生可以連珠炮似地說出這類數學題的正確答案。

一天晚上，我在紐約市郊區一間位於地下室的小教室裡見到史蒂文生，她的珠心算老師唸出幾個數字：

74470

70809

98402

史蒂文生幾秒鐘內就可以在腦子裡把這些數字相加得出總和，簡直跟說出美國幾個州的首府一樣快。

她不像你我那樣使用短期記憶解題，而是在腦中想像有個算盤，然後運用手指幫助解題。

我觀察史蒂文生一陣子，發現她是這樣做的：閉上眼睛，準備好雙手，一旦開始解題，右手的手指就動了起來，撥、推、捏、刷。這些動作快速、確實，彷彿她正在撥弄實體算盤解題，儘管她面前並沒有算盤。

剛看到史蒂文生的動作時，我覺得她是在裝腔作勢，就像有人堅持戴圓點領結，或者拿腔拿調地唸梵谷的名字一樣。但後來我才知道，她的動作是這個計算法的核心，如果不讓她做這些與心理想像有關的動作，運算準確率往往會下降至少一半。哈佛大學心理學家尼翁．布魯克斯告訴我：「不讓專家做手勢，他們就會表現得很糟，完全失去應有水準。」

這並非偶發事件。學習需要努力投入，爲了創造意義，我們必須主動去了解一點點所學的專業技能。珠心算的部分優勢在於心智與身體的連結，這一點我們隨後就會講到。此外，珠心算也爲學習帶來一個更有關的方法，這提供了其他學習優勢。

不過，一個同樣重要的事實是，珠心算需要人們去製造自己的知識，這讓學習成了一件與「做」有關的事，一個主動參與的過程，而有大量研究顯示，在認知上參與程度越高的學習方法，例如小測驗、解釋，甚至角色扮演，學習成果越好。

最近幾年，心理學家理查．邁耶發表了很多文章，主張學習是一種心智活動，是一種認知上的專注投入。在他位於加州大學聖塔芭芭拉分校的實驗室裡，邁耶透過一系列研究說明，人藉由主動製造自己知道的東西來習得專業知識或技能。他直截了當地說：「學習就是一項生產活動。」

邁耶詳細描述了這個過程。首先，要選定資訊，亦即自己到底想要學什麼，例如蘇聯歷史或佛教哲學；接著，必須在自己現有的知識和希望學習的資訊之間創造某種心理連結，將那份資訊整合進自己知道的事物裡。

所以，如果想要學習跟蘇聯獨裁者史達林有關的一切，就要主動將自己知道的事（史達林是個獨裁者）與想要學習的內容（史達林在喬治亞長大）連結在一起，讓新資訊對自己有某種意義。

心智活動——在某個專業領域創造價值——的力量，在基本記憶作業上最顯而易見。比方說，想要記住代表「家」的法文字 **maison**？如果讀到這個單字時少了一個字母（例如 **mais_n**），你更有可能想起 **maison** 這個字。當你把 o 加上去時，你讓這個字變完整了，並以最基本的方式製造了自己的學習——因而讓學習更具意義。

更積極活躍的學習方式對比較困難的認知作業也有幫助。以閱讀爲例，如果逼迫自己去想像正在閱讀的內容，在腦中描繪出來，記住的東西會多很多——邁耶已經證明了這一點。透過創造一種「心智電影」，我們建立了更多認知連結，並讓學習效果更持久。

再看另一個例子：複述。下次有人給你一組詳細指令時，花點時間用自己的話複述。當你總結那些指令時，就是在生產知識，這樣你更有可能記住那份資訊。

過去幾年來，把學習視爲一種心智活動的研究改變了許多對專業知識或技能習得過程的傳統看法。例如，在大規模檢視這項研究之後，肯特州立大學的約翰．唐洛斯基和他的幾個同事就發現，畫重點這個學習方法效果不大，因爲這樣做似乎並不足以促使人們建立自己的知識。同樣地，重複閱讀的效果也有限，原因還是在於這樣做並未激發足夠的心智活動。

那麼，在唐洛斯基這份具里程碑意義的分析報告中，哪些學習方法才有效？唐洛斯基在電話中告訴我，最有效的技巧是那些比較主動的學習活動，例如自我測驗、自我解釋。「這是心智運作方式的一項基本特徵。」他說，「學習不是單純複製資訊，而是要去了解種種事實，從中理出道理。」

把學習視爲一種心智活動這個概念在更大規模的場合同樣有用。我曾經坐在華盛頓大學生物學教授珍妮佛．杜赫蒂的課堂上，她的課因爲良好的教學效果而廣受讚譽。儘管她上課的演講廳很大，有上百人聽課，杜赫蒂還是一再督促學生藉由在認知上專注投入來學習。

例如，在課堂上，她經常要求全班學生回答小測驗題，然後隨機點人回答。她還讓學生兩兩一組，共同回答問題，例如：「植物若不從土壤吸收養分，如何獲得滋養？」

我自己也在珠心算上面發現這一點。拜訪史蒂文生幾個月以後，我爲自己和上小學的女兒買了幾堂珠算課。我想，如果我要寫手部動作和心算方面的文章，總該掌握一點相關技巧。

珠算課比我想像的要難，連我六歲大的女兒有時都能笑嘻嘻地指出我的錯誤。這種計算法需要一種心智張力，一種大腦勞力，珠算班有個學生說這是「智力上的健力運動」。然而，幾週之內，這個較爲主動的方法在理解力方面帶來好結果。數學變簡單了。就像在健身房練舉重，練習越投入，效果越好。

我不是唯一持這種觀點的人。研究顯示，比起較爲傳統的數學教學法，珠算的學習效果好多了。心理學家大衛·巴納在一項隨機田野實驗中研究過珠算，他認爲，珠算對數學的理解會有深遠影響。「根據目前對數學早期教育所知的一切，」巴納告訴我，「我可以預測，學珠算的學生，學術水準測驗考試的成績會比較好。」

有鑒於「學習是種心智活動」這個觀點不斷獲得證實，最値得注意的，也許是各級學校和大學幾乎沒有注意到這一點。走進任何一所大學的圖書館，學生都在被動閱讀（如果想要學習某些內容，你要多做一點去主動參與）；在每一所高中，學生都會機械式地在課本上畫重點（自我測驗的學習效果好太多了）；爲重要會議做準備時，大家通常會瀏覽筆記（比較好的方法是找個

隨機測驗3

「研讀」一篇課文的學生學到的東西，會少於讓那篇課文變得對自己「有意義」的學生。是或否？

空房間，實際演練你要說的東西）。

華盛頓大學的講師史考特．費里曼已經研究「學習是一項活動」這件事很多年。事實上，我去華盛頓大學上的那堂生物課，就是費里曼協助設計的。最近，費里曼和他的同事決定，相關數據已經很有決定性、很明確，沒必要再進行研究，去比較講述式教學與讓學生在心智上更參與學習的教學法了。「如果你是個教授，卻拒絕引導學生主動學習，會引發職業道德問題。」費里曼告訴我，「就像醫生給你不太管用的藥，你會認爲這是醫療過失。」

讓人主動參與的學習方法有助於形成更深層的理解

湯姆．佐藤靠自己意識到意義和心智上的努力之間的連結。他教珠算很多年了，主要指導塞雷娜．史蒂文生這樣的高中生，而隨著時間過去，他發現比較能讓學生參與的學習方式，可以激發更多形式的理解。

佐藤很快便在自己的生活中開始採用主動學習法，最近就把程式設計學得很不錯，足以開發出一款蘋果手機的應用程式。不久之前，他還學會了叫「三味線」的日本三弦琴，現在已經可以彈奏歌曲了。

跟佐藤碰面時，他已經開始練泰拳。有天清晨，我去看他練拳。那天天氣寒冷，白雪覆蓋街道，我坐在訓練館後面一個鋪著紅墊子的狹小空間，看他學習一項新的擊拳技巧。

「就像在打螺旋刺拳！」吉米教練大叫道。

佐藤再次練習這個兩步驟的組合拳：第一拳應該以旋轉的動作拽下對手的左臂，緊接著揮動右手重擊對手的太陽穴。

佐藤的攻擊似乎不太穩定，至少是一開始。他無法拉下對手的前臂，紅色拳套都是從吉米教練的前臂擦過，幾乎沒碰到。於是，佐藤再次以慢動作執行這個組合拳，專注於其中的每個步驟。

「完美！」大概練習到第十二次的時候，吉米教練大喊道，「完美！」

從學習的角度，可以清楚看見發生了什麼事。藉由做動作——擊拳——佐藤更能體會這個新的擊拳技巧和其他的拳有何不同，例如螺旋刺拳；換句話說，佐藤爲了這個新擊拳技巧付出的努力，讓他更容易理解這個拳如何與其他擊打方式結合在一起。

這個概念有助於解釋爲什麼「做中學」可以創造意義。這個方法幫助我們看見複雜性、掌握細微差異，最終改變我們的思考方式。說得更確切一點，認知工作不僅讓學習效果持久，還能促進更深層次的理解。

以學習英文字母爲例，比起只是研讀或用鍵盤打出字母，動手練習寫下字母的學生會形成更系統化的理解。透過實際寫出字母，孩子對於字母如何組合成單字會有更深入的了解——而研究顯示，他們學會閱讀的速度也快得多。

再舉另一個例子：自我解釋。當我們對自己解釋某個概念時，就是在進行心智活動，而同樣地，研究顯示如此更能讓我們爲這個概念建立關係網。比方說，對自己解釋重力的概念時，我會把重力這個概念與其他概念（如質量）連結在一起。此外，我還會想到一些歷史事件——例如牛頓發現重力——並將重力與運動、重量等其他概念並列。

要說清楚的是，只有努力是不夠的。就算主動學習，仍然有可能收效甚微；換句話說，光是揮拳猛擊並不一定能讓人精通泰拳。此外，你也不一定要走來走去才能主動進行心智活動，你可以靜靜地坐著，卻深入心智活動之中。教育學家迪倫．威廉也提到這個觀點，他認爲，當人們花心思認眞思考某項專業知識或技能時，更爲主動的學習形式才能發揮作用。

我們多少都明白這個概念，或至少在某些特定領域裡知道這一點。例如，語言磨蝕由來已久，如果不使用某種語言，往往就會失去說那種語言的能力。這經常發生在學習第二語言的人身上。無論學的是法文或立陶宛語，如果沒有眞正使用，就會變得比較難用那種語言表達自己的觀點或情感。

更令人吃驚的是，語言磨蝕往往也會發生在母語使用者身上。例如，在玻利維亞農村長大的太田彌生，父母都是日本人，所以她通常都跟父母講日語。小時候，她還學習寫日文，每天下午上日文課，並且跟許多朋友講日語。

高中畢業後，太田搬到玻利維亞大城聖克魯斯。從此之後，她主要說的是西班牙語。她周圍沒幾個人懂日語，現在太田基本上已經忘記母語了。她可以跟父母和幾個老朋友結結巴巴地說一點日語，但日文書寫幾乎全忘了，她的母語能力基本上已經消失。

這似乎很古怪。太田開口說的第一句話就是日語，和父母說日語也說了好幾年，然而，這類語言磨蝕情況發生在母語使用者身上的頻率超乎你想像。美國陸軍中士鮑伊·伯格達爾在被塔利班關押五年後，英語變得支離破碎。儘管他整個童年都生活在美國的愛達荷州，一直說英語，他還是在被囚於阿富汗時失去了母語能力。

太田和伯格達爾這樣的人並不是完全不知道母語中的字詞，例如太田還是可以記起或書寫

隨機測驗4

下列哪一句話正確描述了「事實」在學習中扮演的角色？

A.事實對學習有害。
B.事實對學習很重要。
C.你總是能在網路上查詢事實。
D.永遠不要弄錯某項事實。

一些基本的句子。消失的，其實是意義。太田這種出現語言磨蝕狀況的人想不起來該語言是怎麼結合在一起的，他們無法理解這個語言內在的關係和系統。

最終，我們製造了自己的知識、生成自己的技能，因爲這樣做幫助創造了意義的網絡，支撐了維持價值、改變我們推理方式的知識關係網。那天練完泰拳後，佐藤和我一起去吃早餐。他告訴我，讓人更投入參與的學習方法可以幫助人們形成更深層的理解。「主要問題在於：你只是記住了某些事，」他說，「或者試著去看見那些事是如何結合在一起的？」

✔沒有打算學，就學不會

提到在某個專業領域尋找價值這個概念，需要了解一件重要的事：我們必須留心尋找價值。即時有進行心智活動，如果沒有打算學習某樣事物，我們就學不會。

比方說，醫生有很多機會研究膝部肌肉。膝關節手術在一百多年前就有了；在美國，醫生們每年做的膝關節手術不少於五十萬例。許多整形外科醫師對膝部肌肉瞭若指掌，他們幾乎每天都要探索肌腱、拉開半月板軟骨或檢查滑膜組織。

然而，瑞士一名整形外科醫師卡爾．格羅布不久前在膝部發現了一塊新的肌腱。他和一群研究人員一起在膝蓋骨正上方發現了一小塊強健的肌肉——之前任何一本解剖學教科書或任何一位外科醫師都未提及這塊肌肉。

格羅布對自己的發現非常謙虛。「我只是個普通的外科醫師，」他告訴我，「解剖學是我的愛好。」其他專家的說法就沒這麼克制了，一個醫學部落格這樣寫道：「新的肌肉幾乎跟傳說中的大腳怪一樣難以發現。」

這究竟是怎麼回事？每年有幾十萬例手術在這個部位進行，怎麼可能有那麼多醫生忽略了這塊肌肉？一個合理的解釋在於心態的特質；換句話說，格羅布之所以發現了新的肌鍵，是因爲他一直在尋找這塊肌肉。他學會了關於膝部的某件事，是因爲他想要學習。抱持著不同的態度，格羅布在一組別人看不出有什麼價值的肌肉中發現了價值。

心理學家艾倫·蘭格數十年來一直在研究這個概念。我去拜訪她時，她告訴我，爲了意義學習需要「用心」，是一種對價值的主動探索。蘭格認爲，這種態度——這種觀點——不只關乎集中注意力，還要求人們投入體驗之中，以突出體驗的新奇之處。她說，人們必須關閉大腦的「自動駕駛」功能，主動探索專業知識或技能。

在許多方面，這種「用心」涉及背景、脈絡。在培養投入參與的態度上，「框架設定」扮演至關重要的角色，我們往往需要某種火花、某種感知上的扭轉，才能把注意力拉到學習上。這一點在我與蘭格聊天時很明顯。有時候，我們的對話很「無禮」，心態是幽默的，蘭格會因爲我忘了某件事而取笑我：「你太緊張了！」

但隨後，我會提出一個問題，於是框架又會變得比較具有教育性。蘭格會問我一些尖銳的問題：「你了解我的意思嗎？」並建議我去閱讀某篇文章。這樣的討論變成是在發掘某樣有意義的事物，在學習某個新東西。

還有一些因素有助於形成比較投入參與的態度。蘭格指出，如果我們認為專業知識或技能是比較開放式的，就會更加用心。此外，從不同的角度看問題也有幫助。改變觀點通常會讓我們學到更多，因為這讓我們更能敏銳察覺某個專業領域的微妙之處。

但最重要的，也許是意義本身。要關閉大腦的自動駕駛功能，最好的辦法之一是尋找價值。例如，在早期的一項研究中，蘭格讓兩組學生閱讀教科書中的同一段文字，而她給兩組人的指示只有一個關鍵差異：一組學生被要求「研讀這段文字」，另一組學生則要以某種方式讓這段文字「變得對自己有意義」。

結果，「尋找意義」那一組更專注投入，學習成果更好，理解和記住得更多。更重要的是，當「尋找意義」組被要求寫一篇與這段文字有關的文章時，他們寫出來的東西品質高很多。

舉個現實世界的例子：語言磨蝕。實際上，心態在其中扮演關鍵角色。一個人如果對自己的祖國有不好的看法，更有可能喪失母語能力。例如研究顯示，一個以西班牙語為母語的人如果對西班牙評價不高，更有可能忘記西班牙語。若抱持負面心態——以及較為有限的價值感——人會比較沒辦法說母語。

一方面，有件事情很明顯。你如果討厭Excel，就很難學會Excel。但有件事也很值得注意：心態會以非常微妙的方式改變我們的思維模式。例如，在一項語言磨蝕的研究中，研究人員發現，如果一個人不喜歡自己的祖國，那麼無論他多常講母語，他的母語能力都會更快被磨損。

蘭格對此提供的建議是：**學習一項技能時，應該留意細微差異**。爲了學習，我們必須主動尋找某個專業領域的獨創與新穎之處。在這個意義上，我們是透過**尋找差異**來獲得理解。「『用心』的定義就是注意新事物。」她告訴我。

蘭格還建議要對學習抱持**探索的心態**。所以，假如你爲了一門課閱讀一本書，不要一直把焦點放在最後的成績上，這會讓整個學習經驗看起來充滿壓力，令人緊張到胃打結。相反地，要在書中尋找你覺得好奇、對你有價值的內容，這樣的學習成果往往會更好，整個學習經驗也愉快多了。

同樣地，外科醫師不應該只想著修復撕裂的前十字韌帶，也要花點時間去探索、發現。畢竟，他們也許會找到另一塊新肌腱。

教師應該更像運動教練

創造意義這個概念有其危險的一面。學習者當然不是專家，我們可能會得出一些不太可靠的結論，在根本沒有價值的地方尋找價值。直白地說，我們可能會弄錯。

在某種意義上，問題在於學習是個累積的過程。精通是以精通爲基礎，意義是以意義爲支撐，但人們通常很難靠自己學得很好，尤其在學習過程的初始階段。我們的能力很弱，不具備專業知識或技能，不知道自己不知道些什麼。

比方說，如果把一袋兩公斤重的石頭和一袋兩公斤重的羽毛放在某人面前，讓他學習質量和重量的概念，他無法從中學到太多。除非知道何謂重力，否則他不會得出「同樣質量的物體下落速度相同」的結論（至少根據傳說，伽利略曾在比薩斜塔上做過實驗，將兩個袋子往下丟，證明這個事實，顯示出質量實際上不同於重量）。

在一個比較實際的意義上，學習需要指導。爲了習得知識和技能，人們需要指導和支持。指導者、教練、教師都扮演了很重要的角色。本書會一再提到這個概念，我們暫時稱之爲「教育者的價值」。

奇怪的是，直到最近，都沒人有系統地研究教師的角色，以及他們到底如何促進學習。當然，幾個世紀以來，專家一直在爲「指導的實行」建立理論。蘇格拉底法可以追溯到古希臘時期，學徒模式則始於中世紀歐洲，而中國的漢朝也許首創了一種針對學校教育的高利害關係測驗法——它提供了第一個文官考試。

儘管如此，還是沒有研究人員試著利用測驗分數、問卷調查、影片等數據來衡量優秀教師和普通教師之間的差別。幾年前，微軟創辦人比爾．蓋茲對這件事產生興趣。他偶然看見一篇針對教師品質的研究論文，在上面寫滿筆記。蓋茲無法理解，爲什麼教育中最基本的問題一直沒有人運用現代研究工具來回答？「相關研究之少令人震驚。」蓋茲後來談到這件事的時候如此說道。

最終，這位前世界首富出資四千萬美元，啓動了一項大規模的研究計畫：幾十名研究人員、數百所學校、幾千名教師、將近十萬名學生參與。研究人員開發了一款新式攝影機，可以提供老師上課時整個教室的三百六十度全景視野。參與這項研究計畫的每個學生都要塡寫調查問卷，而有大約五百人在接受訓練後，專門評估教師們上課的影片。

這項被稱爲「有效教學評量」的研究計畫持續了兩年，其中幾項發現包含我們前面已經簡單提及的事，但以更戲劇化的方式呈現。例如，參與研究的教師幾乎沒人會督促學生產生自己的想法，學生也很少參與那些需要創造意義的學習任務。

但更有趣的發現是別的：根據協助研究相關數據的哈佛大學經濟學家羅恩．佛格森所言，提到教學，學生的學習成果有兩個主要的驅動因素。第一個因素是研究人員所謂的「學業壓力」，或者說是教師在學業上督促學生的程度。這關乎教育工作者有多鼓勵學生努力學習，眞正投入學習內容之中。

第二個因素是「學業支援」，或者說是學生在多大程度上感受到教師的激勵。這個因素關乎相關性，關乎學生覺得與教師之間有個人連結。

有意思的是，「有效教學評量」研究的結論與本章提到的觀點很相似。具體來說，高效能教師會督促學生投入困難的學業任務之中，確保學生努力去理解某個主題；換句話說，優秀的教育者會讓學生把學習當作心智活動去參與。與此同時，好老師還會提供激勵和支援，幫助學生在自己的學習中尋找意義。他們提供學生自主權，以及一種「老師與我有所連結」的感覺。

這個發現並不稀奇。早在「有效教學評量」研究之前，諾貝爾物理學獎得主卡爾．威曼就曾斷言，大家應該把教師當作「認知教練」。威曼認為，問題在於「教師」這個稱謂往往讓人對一個單純傳遞資訊者評價過高，但那種學習法完全弄錯了，它會讓人覺得學習物理學之類的題目，相關知識會自然來到我們這裡。

威曼向我解釋，教師應該更像運動教練，要幫助學生「藉由將某個主題分解成思考所需的幾項關鍵元素，然後讓學生練習那個思考過程，來學習該主題」。同時，教育者應該激勵學生竭盡全力去「執行這項困難的學習任務」；換句話說，人需要**情緒上的支持**。我們需要被鼓勵。

對每個學習者而言，重點在於我們需要教育者來幫助自己改進，需要他人來幫助我們理解某個主題。此外，不要忘記學習的社交層面，亦即我們對情緒支持與相關性的需求。「學習的時候，你會需要有人支持你成長。」威曼告訴我。

有趣的是，根據佛格森的說法，「有效教學評量」研究顯示學生自己通常很清楚誰是高效能的教育者，而針對學生進行的問卷調查可以非常有效地預測學生將來的學習成果。總而言之，如果你打算給自己找個好老師或好的指導者，不用看他的證書（證書通常沒有太多意義），也不必太在乎他在該領域待了多久（除了頭幾年，後面的時間無法說明什麼）。

最好問問其他人：這個老師會給學生挑戰嗎？他解釋事情清不清楚？他的學生在課堂上學到很多嗎？此外，也問問與「學業支援」有關的問題：這個指導者關心學生嗎？他的學生能否把學習內容與自身連結在一起？他如何幫助遭遇學習困難的學生？

「支援」是個重要概念，我們會在下一章進一步討論。因爲，意義通常只是學習的開始，我們還需要去規畫自己到底希望學些什麼。

第 2 章

設定目標

學習的時候，你不能毫無計畫，走即興路線。你可以在學習過程中改變計畫，但總要有個計畫。

每個人都需要有針對性的學習方法

一項名爲「全員成功」的教育改革方案久負盛名。以多年來在學術上表現很糟糕的狄倫中學爲例，在新聞報導中，這所位於南卡羅萊納州的學校是該州「恥辱之廊」的典型代表之一（「恥辱之廊」指的是南卡羅萊納州西北部幾個高度貧窮的地區）。有一支紀錄片記錄了狄倫中學缺乏學業競爭的情況，而美國前總統歐巴馬在第一次競選總統期間造訪該校時，提到這所學校連最起碼的標準都沒達到。

然而，狄倫中學勉力變身，其中一個驅動因素就是「全員成功」這項教育改革方案。實施這項方案不久，學生的閱讀成效幾乎就翻倍增長。此外，狄倫中學投入大量資金，安裝了空調和新電腦等設施也有所幫助。儘管還有明顯的問題，狄倫中學的教學成果依舊超出同樣位於高度貧窮地區的許多學校。

即使不是所有故事都這麼戲劇化，這類成果在「全員成功」方案裡的確比比皆是。

這是爲什麼？它成功的原因何在？除了神仙教母之外，有什麼原因可以解釋這種像灰姑娘一樣的轉變？答案在很大程度上要歸功於約翰霍普金斯大學的羅伯特·史萊文教授——他和妻子南西·馬登在一九八〇年代發起了「全員成功」教育改革方案。

史萊文經常另闢蹊徑，尋找測量效應大小的最佳方法。爲了設計「全員成功」方案，他針對要採用哪些研究作爲這個方案的基礎制定了清楚的規則。他忽略所有不超過三個月的研究——時間太短，不足以得出有意義的結論。此外，教學之前和之後都要進行測驗，隨機對照試驗也很重要。

這項教育改革方案在當時是具有開創意義的。鑒於合作學習方面的數據，「全員成功」是最早強調團體學習的。因爲教學時間寶貴，「全員成功」方案在每一天集中安排一大段時間給高優先順序的學習主題。教導閱讀時，則強調讀音與字母之間的關連，這個教學方式在當時頗具爭議，但現在已經廣泛實行。

不過，「全員成功」最重要之處，也許在於它的高度針對性，其祕訣從過去到現在一直是「鎖定目標」。學生會被分組、重組，以確保他們眞正學到應該學的東西；落後的學生有專人輔導；所有課程協調安排得像一組鎖具。這個方案甚至專門聘請作家針對學生的特殊需求量身訂做教科書。

「全員成功」的榮耀是基於一個非常簡單的概念：學習不是偶發事件。爲了習得某項技能，我們必須做好準備。在某種意義上，這個概念源自「學習是一個過程、一套系統」的觀點。爲了獲取知識，我們必須掌握習得那份知識的專門方法。

對大多數人來說，這個學習方法並不常見。想要學習新東西時，人們通常都是立刻一頭栽進去，試圖靠自己精通這項專業技能；然後，當他們發現該技能比自己想像中困難時，就會心想：反正我從來也不擅長那件事。這種探索式學習法很普遍。在我做的問卷調查中，超過半數的人認爲「發現式學習」——或非指導式學習——是習得新技能的絕佳方法。

重點在於不要讓學習變得盲目、不動腦筋——創造力和探索依舊是關鍵。創造深層理解的機會也是。不過，處於學習的早期階段時，必須密切管理學習過程，所以學習往往可以歸結為一種知識管理，關乎設定目標和制定計畫、獲取基本技巧和鎖定專業技能。

在這一章，我們會詳細討論這個概念，檢視兩個對所有想學習任何一種技能的人都至關重要的問題：我要學什麼？爲了學習那樣事物，我有什麼計畫？

這兩個問題幫助我們保持聚焦。

設定學習目標時必須聚焦

我和羅伯特．史萊文一起參觀過一所參與「全員成功」方案的學校：溫莎山中小學。它位於巴爾的摩一個極度貧窮的地區，長久以來處境艱難。幾乎每個學生都窮到有資格領取免費的早餐和午餐，而這個地區居民的平均壽命比北韓還短。學校的教學品質一直很差，有個老師經常告訴學生：「把你們的腦子裝到鳥的腦袋裡，牠會倒著飛！」

爲了努力提升教學成果，溫莎山中小學實施「全員成功」方案。那天早上，史萊文和我一個班級一個班級地參觀，與許多「全員成功」的教師交談，而史萊文會指出這項方案的特色。有時候，我們就坐下來靜靜觀察某個班級。儘管溫莎山中小學實施「全員成功」的時間不長，但這項方案已經大有幫助。教學成果慢慢提升，學生的出席率也提高了。

老師們也漸漸了解學生需要知道些什麼，以及如何獲取那些知識。在參觀過程中，我看到一個老師透過一組特定的閱讀問題評量班上每個學生的表現；在另一間教室裡，老師正和一名學生複習所學內容，一一檢查學生在電腦上做錯的題目。

再到另一間教室，老師則讓學生評量他們自己的表現。於是，學生們聆聽一個小女孩朗讀一小段課文，然後對照一張關鍵技巧核對清單，共同討論這個女孩的朗讀技巧。

「我覺得她應該得九十分。」一個男孩說道。

「她有兩處錯誤，所以應該是八十分。」另一名學生這樣說。

「需要考慮朗讀速度嗎？」一個孩子問道。

在某一刻，火警鈴突然響了，學生都跑到走廊上。史萊文和我走到戶外，站在校門口的一塊空地上。史萊文說，學習遭受干擾很正常。學習計畫從來都不是固定不變的，有時學生需要額外的情緒支持，有時會偏離主題，有時則是火警鈴響了。

史萊文認爲，學習的這些比較社會性、比較情緒性的面向，恰恰說明人們需要更有針對性的學習方法。「學習的時候，你不能毫無計畫，走即興路線。」他告訴我，「你可以在學習過程中改變計畫，但總要有個計畫。」

在討論如何設定學習目標之前，我們應該想想爲什麼一開始需要採取這些比較聚焦的步驟。爲了理解這個概念，我們以電話號碼爲例；說得更明確一點，我們來聊聊記住一個新的電話號碼有多難。

你一定有過這種經驗：某人告訴你他的電話號碼，例如231-555-0912，沒一會兒你就忘了，最多也許記得前三個數字，是231嗎？但剩下的就想不起來了。

電話公司一直想解決這個問題。起初，它們試著避免依賴人們的記憶，所以當電話公司在十九世紀推出電話服務時，大家只須拿起聽筒，告訴接線生你要找的人的姓名就可以了。

隨著電話普及，這種個人化的方式變得太複雜，於是電話公司嘗試透過一種輔助記憶的手段將電話號碼標準化：藉助地區的名字。所以，如果你住在波特市（Porter），你的電話號碼可能就是PORter 3234；若你住在艾姆伍德（Elmwood），你的電話號碼也許會是ELMwood 4543。

不過，這套編碼系統最終還是變得一團糟，因爲地名與字母的組合又長又使用不便。於是在一九五〇年代末期，電話公司推出另一套系統，要求所有的電話號碼都是七位數（不含區碼）。這套方法現在已經被普遍採用，全球各地大部分人的電話號碼都是七位數左右。

然而，這套方法也不是運作得很好。用認知科學家的話說，七位數基本上已經是大腦短期記憶的極限。短期記憶如同大腦的速寫簿，是人們保存電話號碼之類臨時資訊的地方，空間極其有限，因此只能同時處理三、四件事（相較之下，大腦的長期記憶容量就很廣闊，這是大腦保存老朋友的記憶、小時候的爭執，以及各種專業知識的地方）。

值得讚揚的是，現在的電話公司似乎明白短期記憶的嚴格限制，所以緊急電話號碼通常只有三位數。對大多數人來說，像「119」這種比較短的號碼很容易記，適合大腦的短期記憶。

這個概念涉及的遠遠不只電話號碼，教育心理學家約翰．史威勒就指出，短期記憶往往是

隨機測驗5

事實在學習中有何作用？

A.事實會妨礙學習。

B.事實會提升學習效果。

C.事實對學習沒有影響。

學習發生之處。比方說，如果想要學習芭蕾舞的跳躍動作或微生物遺傳學，這個經驗必須先經過短期記憶的處理，之後才進入長期記憶。

困難之處在於，短期記憶眞的太短了。這個大腦的速寫簿是小本的，而在許多方面，短期記憶就像個狹窄的出入口：大東西都進不來，體積大的資訊都被擋在外面。或者，可以把短期記憶想成撥接上網的數據機，速度既慢又不穩定。

這個事實有助於解釋爲什麼我們需要讓自己的學習聚焦。爲了掌握專業知識或技能，我們必須把它們分解成容易消化、理解的片段，然後把注意力集中在這些分散的片段上。換句話說，我們必須確保任何新的專業知識或技能可以通過短期記憶的窄門，好好儲存在長期記憶裡。

例如，這個概念解釋了爲什麼學習的時候不能「多工」。音樂、開車、電腦程式都會拖累短期記憶，因而妨礙我們理解。事實上，即使在做簡報時播放一小段音樂，都會妨礙人們學習：一項研究指出，在沒有背景音樂的狀態下上線上課程的人，學到的東西多出一．五倍。

簡報的內容也有影響。因爲短期記憶的限制，每次接收少量資訊會讓我們學得更好，所以如果簡報的每一頁或每一張 PowerPoint 投影片少放一些圖表，人們獲取的資訊反而更多。這也就是爲什麼作家都喜歡使用短句。用比較少的字，以及讓概念之間有較多歇息處，都會讓人比較容易吸收新資訊。

然而，大多數人還是像電話公司一樣，高估了自己的短期記憶能力，所以常常同時學太多東西，採取一種超載、吃到飽的方式學習專業知識或技能。例如，有人也許覺得可以邊和朋友聊天，邊聽一場演講，然後從中學到東西（實際上沒辦法）；或者，有人想一次就搞清楚一個複雜的重要概念（這通常也做不到）。

我去找史威勒時，他舉了個例子：想要教人歷史、文學或數學的外語課程。他認為，把兩個主題結合在一起，人們學到的反而少得多。「你兩種都學不好，」史威勒告訴我，「因為這樣做會造成認知超載。」

認知超載的情況也可能發生在耗時較長的事件上。長時間的談話、冗長的會議、拖很久的演講都會損耗短期記憶，堵住通往長期記憶的狹窄路徑。因此，露絲．科文．克拉克這樣的專家都認為，為成年人開的課絕不能超過九十分鐘，因為我們沒有可以持續學習更長時間的心理耐力。

此外，還有我們自己的種種念頭，而短期記憶的有限容量就解釋了為什麼焦慮對於習得專業知識或技能如此有害。當我們覺得有壓力，覺得害怕或恐懼時，就沒辦法集中注意力。我們的情緒會把大腦的速寫簿填滿。心理學家祥恩．貝洛克表示，這種壓力甚至會影響幼童。當一、二年級生哭鬧著說「這個太難了」，他們的認知能力會顯著下降。

我去採訪貝洛克時有過類似的經歷。那是個夏日早晨，我和貝洛克坐在她任教的芝加哥大學一個寬敞的中庭裡，聊她的工作和近期的研究。大概聊了十分鐘後，貝洛克提到她剛寫完一本書，書名叫《身體的想像，比心思更犀利》。

我突然愣了一下：等等，什麼書？我應該知道她剛出了一本書嗎？也許我應該先讀過那本書。就是那個「愣住」，那個擔心其他事的時刻，對於培養技能非常不利。那一刻，我的短期記憶沒有在做它應該做的事——採訪貝洛克——以致我無法專注，沒有追問一些仔細推敲過的問題。

高效能的溝通者都知道，人的大腦很容易超載，所以他們會簡化自己的訊息，使其可以放進短期記憶的狹窄範圍裡。比方說，蘋果公司在行銷上的成功完全在於對極簡的追求，他們的許多廣告幾乎都只是把一個圖像擺在一大片空白裡。不久前，可口可樂的廣告標語只有一個詞：「眞實」（Real）。而史上最佳廣告標語，也許就是Nike的那幾個字：「想做就做」（Just do it）。

人們必須縮小自己想要理解的事物的範圍、聚焦。比方說，若有人希望提升自己的馬拉松成績，最好瞄準特定項目，例如改善在丘陵地的表現；同樣地，如果劇作家想提升創作水準，應該把焦點擺在特定項目上，例如增進充滿情緒的對話的寫作技巧。

教育者的價值在此扮演重要角色。高效能指導者會把知識或技能分解成容易獲取的模塊，一口一口餵給學生。說得更確切一點，好老師充分意識到認知負荷的存在，會以簡明易懂的方式提供指導。這意味著，如果你上課時經常覺得困惑不已，也許是因爲有太多新資訊同時向你湧來，而你可能學不了那麼多。

同時，短期記憶的本質也強調了注意力的價值，所以學習的時候，最好與任何會增加認知負荷的事物保持距離。如果正在解數學題，不要去滑臉書；如果正在聽一場重要的演講，不要去想旅行計畫；假如你眞的想要習得一點專業知識或技能，最好遠離Instagram。這些讓人分心的事物都會損耗短期記憶，妨礙我們學習。

提到短期記憶的脆弱本質，我最喜歡的是一項針對上課使用筆記型電腦的大學生進行的研究。這項研究發現，電腦保持連線的學生學到的東西，比不連線的學生少。好吧，這不算新聞：帶著電腦上課的學生會分心，因此學到的東西比較少。

然而，使用筆記型電腦還會降低隔壁同學的學習效果，即使那位同學自己並沒有在上網；也就是說，他是被其他人的分心轉移了注意力，他的工作記憶被其他人幾乎沒在工作的記憶拖累了。

學習新知識，要以已有的知識為基礎

提到學習過程，我們必須瞄準另一個非常重要的因素：知識。我們通常是透過已有的知識來理解事物，而我們想要學習的任何事，都是以已經學會的東西爲基礎。也就是說，我們要暫時放下短期記憶的角色，好好了解長期記憶如何影響專業知識或技能的培養。

比方說，每隔幾個月，我就會坐在電腦前，試著掌握一些技術知識——也許是因爲不能列印文件，或者是在辦公室網路上找不到外接硬碟。我已經重新開機，上網到處搜尋解決方案，也許還在 YouTube 上看了幾支影片，依舊找不到辦法。

最後，我去找技術部門的同事，通常是一個叫賀瑞斯・佩恩的技師。他會一步一步向我說明解決方案、爲我示範我該使用哪一組指令，或者向我解釋修復某個軟體最好的方法是什麼。

佩恩提供的是最基本形式的輔導，即一對一教學。這種做法有大量資料和數據支撐，讓人信服。幾十年前，心理學家班傑明・布魯姆就主張，輔導的效果是其他任何教學形式的兩倍；一份政府報告則說輔導是「迄今所知最有效的指導形式」。無論是技術支援、法語課或行銷策略，一名學生配一名指導者都是極爲有效的學習方式。

這些年來，許多機構都已經意識到這一點。例如，有些電腦公司會在賣場提供一對一的技術服務；同樣地，想想高檔飯店的禮賓服務，那就是爲旅人提供的一種一對一輔導。

困難之處當然就在於一對一輔導非常昂貴。它需要大量人力，這就是爲什麼蘋果這樣的電腦公司要確保他們的「現場診斷」服務時間不會超過五分鐘，以及大部分低預算飯店沒有禮賓服務的原因。

但在許多方面，還有一件更重要的事要考慮：爲什麼一對一輔導如此有效？有幾個很明顯的原因。首先，當一個人得到一對一的關注時，可以獲得大量回饋意見。此外，這樣做也更容易激勵學生，因爲私人教師知道哪些事對這個學生有意義。

其次，一對一輔導是針對學生的知識水準量身訂做的，非常聚焦。例如，技師佩恩很清楚我知道什麼、不知道什麼，所以我們在交談時，他會先問究竟出了什麼問題，然後問我做了些什麼來解決。我是否更新了程式？我對這個軟體熟嗎？這是新的問題嗎？

這是輔導的典型狀況。例如，在一對一教學中，學生如果對數學裡的「分數」有錯誤觀念，老師通常就會停下來，先解決這個問題。想烤麵包，但是對酵母一無所知？老師會針對這個主題爲你解惑。來到一個新城鎮，卻不懂當地的語言？飯店的禮賓服務人員會教你用當地語言說「謝謝」。

總之，一對一輔導確實有效，因爲它建立在我們已有的知識上。指導者調整資訊，使其符合我們已經了解的事。在本書的前言，我把這個概念稱爲「知識效應」。知識效應可以歸結爲一個事實：如果你對某樣事物一無所知，就很難學得會。

這個概念適用於任何領域——數學、藝術、木雕。先前沒有具備一些知識，就沒法學習。正如認知心理學家丹尼爾．威林漢所言，事實和數字是通往更豐富思維的第一步，想了解任何事物，都需要背景知識。

看看這個句子：「Haben Sie heute gefrühstückt?」（你今天有沒有吃早餐？）如果不懂德

語，這些文字對你毫無意義。再看看這句話：「這裡提供一種改良過的分散強化鉛錫合金焊料，這種焊料中散布著最多約百分之五的小顆粒。」同樣地，如果沒有一些材料科學知識，幾乎不可能理解這些文字。

請把知識想成構建「學習」的重要基礎材料，是打造「理解」的磚塊與灰泥——以及最能預測學習成效的事物之一。有無數實例可以說明這個概念。掌握長除法有助於把代數學得更好；營建專長有助於培養建築技能；如果對美國南北戰爭的基本事實有較深入的了解，會更容易理解南方十一州脫離聯邦的原因。

這種情形之所以存在，是因爲我們的大腦爲了將經驗儲存在長期記憶裡，創造了一些心智模板；說得更確切一點，大腦會把新資訊與先前的資訊「綁」在一起，利用舊知識幫助我們理解新知識。所以，我們在短期記憶中接收資訊之後，它就會被送到長期記憶裡，那裡有更廣泛的背景知識可以用來幫助理解。

我們可以利用這種心智習慣來幫助學習。比方說，假設你想記住「1945」這個數字，那麼，增進你對這個數字的記憶的一個方法，就是想到第二次世界大戰結束的年份：1945年。對大部分人來說，這樣做會比較容易記得「1945」，因爲這個新數字已經「附著」在你的一個長期記憶上了。

舉另一個例子：我想記住老闆三個女兒的名字——綺拉（Kiera）、碧翠絲（Beatrice）和佩妮（Penny）。如果我把這些名字與我熟悉的事物連結在一起，也就是把這份資料塞進長期記憶裡，會更容易記住。比方說，我可能會想起三支籃球隊的名字——尼克（Knicks）、公牛（Bulls）和活塞（Pistons）——然後利用這些隊名的第一個字母幫助自己想起三位年輕女士的名字。

再以美國小朋友用來輔助記憶的一個經典口訣爲例：「My Very Educated Mother Just Served Us Nine Pizzas.」（我那受過高等教育的媽媽剛剛端給我們九塊披薩）。這個句子每個字的首字母分別代表了太陽系九大行星的第一個字母，而且是依照順序：水星（Mercury）、金星（Venus）、地球（Earth）、火星（Mars）、木星（Jupiter）、土星（Saturn）、天王星（Uranus）、海王星（Neptune）、冥王星（Pluto）。助記術之所以是一種有效的學習工具，是因爲長期記憶的本質：各種助記手段把新知識掛在舊知識上，哪怕只是一個和媽媽有關的句子。

然而，提到知識與長期記憶，還有很多重點。威林漢認爲，事實不僅是某種讓我們的思考引擎運轉的智力燃料，說得更確切一點，在大腦的架構中，知識與思考是混合在一起的。在我們的神經結構中，內容與認知是相互支撐的，如同威林漢所言：「記憶是思想的殘留物。」

這個概念有其「富者越富」的一面：如果建立了一張知識網絡，那麼在這個網絡上添加新知識會更容易。換句話說，假如你想學更多統計學的東西，那麼最好的知識基礎是統計學；如果你想提升自己的西班牙語水準，最好的知識基礎就是西班牙語。

反之亦然。如果你不會說任何西班牙語，最好從學習基礎知識開始，例如 hombre（男人）和 cuarto（第四）等常用單字；若你剛剛開始學吉他，最好背熟和弦進程之類的基本概念。

對個人來說，第一步就是確認你要學習的專業知識或技能需要什麼樣的背景知識。這一點有時顯而易見，例如想要學習抱膝跳水，不會游泳就很難學得會。但更常見的情況是答案難以捉摸，這時就要問問自己：我需要學習哪些技巧？這個領域有沒有一些基礎概念是我必須掌握的？

在這個意義上，知識確實是力量。了解種種事實讓人可以更有效地習得專業知識或技能。速讀是個很好的例子。幾乎沒有證據證明速讀有用，也幾乎沒有專家相信這個方法，最終你會發現，對你在閱讀的東西具備一些背景知識會比較好。如果先前就有些了解，你就可以更快速地從閱讀的內容中學到東西。

「內容爲王」這句話，放在學習上也非常貼切。

有效學習區，是在稍微超出現有能力之處

想到學習，大家往往會覺得是靜態的，似乎習得一項技能之後就結束了。然而，學習的本質，專業知識或技能的本質，是動態的。想要習得專長，必須在稍微超出自身技能的層次上學習；說得更直接一點，**學習沒有舒適區**。

第一次去參觀實施「全員成功」方案的溫莎山中小學時，我曾和方案主導者羅伯特・史萊文走進一個班級，當時老師正根據班上每個學生的表現爲他們重新分組。我立刻注意到一個叫納西爾的男孩。他是個體格結實的五年級生，班上大多數孩子則是二年級生，其中許多人的身高勉強到他的胸口。在這群孩子中間，他看起來像個巨人。

早上大部分的時間，納西爾都坐在教室後面的一張小椅子上，身上穿著溫莎山中小學的襯衫。除了身材和年齡，他學的東西跟其他孩子一樣。老師正在帶大家複習幾個能放進母音組合「ur」裡的基本發音。稍後，納西爾和另一個男孩坐在一起，在小白板上寫下「fur」（毛皮）這個單字。

「全員成功」採用的重新分組法可以追溯到一九五〇年代，考慮到的是更有針對性的教學方法。根據學生的學業表現，而不是年齡或年級分組，老師可以提供更具針對性的指導。這樣做比較容易給納西爾這樣的孩子更精確、更個人化的指導。

在實施「全員成功」方案的學校，這種重新分組的事每天早上都會發生。上午九點整，所有學生都要根據自己的閱讀能力到不同的教室去。以納西爾來說，他從五年級換到二年級上課，就可以得到爲他量身訂做的指導。九十分鐘的閱讀課結束後，他會回到原來的班級。

重新分組有其問題，例如高年級學生常常覺得到低年級上課很尷尬。不過，這個方法還是帶來好結果。以納西爾的例子來看，如果他和他五年級的同學一起上英文課，一定會覺得很吃力。他落後太多了，以至於無法參與五年級的功課。他不會遭遇同學的挑戰——他在學業上完全輸掉了。

重新分組依靠的是知識效應的一個必然結果，因爲想要學習新東西，這個知識或技能必須「恰到好處」，既不能太超出我們現有的水準，否則我們會迷失在學習的迷霧中；也不能太簡單，否則根本學不到東西。所以，**最佳學習位置，就是在比我們現有能力稍微超出一點點的地方**。

我曾經到哥倫比亞大學拜訪心理學家珍妮特．梅特卡夫，希望深入了解這個概念。多年來，梅特卡夫針對想要弄清楚自己應該學些什麼的學生做過數百項研究，而她認爲，人們在這方面的判斷往往很糟。根據梅特卡夫的研究，人們嘗試學習新事物時，鎖定的目標常常「不是他們已經知道的東西，就是對他們來說太難的事物」。

梅特卡夫認爲，學習往往就是要找到最好的「機會之窗」，或是投入稍微超出自己理解範圍的內容。例如，若想提升自己對藝術史的理解，多數人會從複習他們已經相當熟悉的事情開始：林布蘭是荷蘭畫家，梵谷是後印象派畫家，繪畫這項藝術可以追溯到數萬年前。

然而，當人們被稍稍推離他們可以輕鬆做到的範圍時，學習才算開始。爲了學習，我們必須延伸自己的知識，而最有效的學習，是去學習未知領域中對我們來說最簡單的內容。所以，若想學習藝術史，更有效的問題也許是：賈科梅蒂是誰？爲什麼露易絲．奈維爾森是非常重要的藝術家？爲什麼竇加被認爲是第一個現代主義畫家？

正如梅特卡夫所主張的，學習之窗一直在移動，它是個始終在改變的目標。一旦學會一項技能，就要往前移動到下一項技能。設計良好的電玩就是這樣做的：玩家總是處於稍稍超出自身技能範圍的狀態。遊戲的每一級總是比前一級難一點點，正是這種在遊戲技巧上不斷進化的誘惑讓人保持專注，持續磨練自己的技能。

納西爾似乎意識到在學習上何謂「恰到好處」。認識他幾個月後，有一天，我和他坐在一起吃午餐。在許多方面，他是個典型的青春期前的孩子。他很高興地向我炫耀他的任天堂遊戲機，還介紹了幾個他特別喜歡的影音部落客。他抱怨學校的午餐太難吃了，那天的肉丸潛艇堡他一口都沒吃，只吃了兩根香蕉。

我們聊起納西爾的家人和朋友，聊起他如何在橄欖花園餐廳慶祝生日。他覺得學業變得越來越難了，對學業的期待也越來越高，「你得努力才行。」他如此說道，而在某種意義上，這是重點。我們都需要把學習目標設定得稍微超出自己現有的水準，好持續比之前更努力一點。

磨練有效學習的思考技巧

✓將學到的東西連結起來，系統化學習

即使在學習過程的這個早期階段，我們也想要建立關連，磨練自己的思考技巧。就這一點而言，我們必須記住，專業知識或技能——以及記憶——都不是線性事物，反而更像是不規則蔓延擴展的網絡，一個由各種連結和彙聚節點組成的系統。

布羅．薩克斯伯格也很清楚這個概念。他是我認識的頂尖學習者之一，擁有哈佛大學的醫學學位和麻省理工學院的工程學博士學位。此外，他還在牛津大學取得數學碩士學位，以及兩個學士學位。目前，他是著名學習機構卡普蘭的學習長。

在他職涯的早期，薩克斯伯格第一次注意到，專家組織自身理解內容的方式與業餘者非常不同。那時他還是哈佛大學的醫學生，正和一個團隊一起處理某個棘手的病例：一名身患某種痛苦疾病的患者。薩克斯伯格與一群學生共同爲患者做了基本檢查——血壓、各種化驗結果——但就是無法確診。

於是，薩克斯伯格和他的團隊開始往罕見疾病的方向搜尋，翻閱許多教科書和醫學手冊，做了更多檢查和化驗，還是無法確診。最後，他們只能請來醫院裡最資深的醫生——姑且稱呼

他維爾登斯坦醫師。

維爾登斯坦醫師身穿實驗室的白大褂，一臉嚴肅地走進病房，沒多久就宣布了診斷結果。事實上，他花了不到一分鐘就弄清楚患者到底出了什麼問題，並詳細說明治療方案。

這件事讓薩克斯伯格上了生動的一課：他們的團隊蒐集了一個個孤立的事實，維爾登斯坦醫師則擁有一套系統化的專業知識。這位經驗豐富的醫生知道種種概念，以及它們之間的關連，因此可以更輕鬆地找出哪裡出了問題。薩克斯伯格說維爾登斯坦醫師是「行走的資料分析儀」，因爲他「擁有模式識別能力，可以分辨哪些東西重要、哪些不重要」。

在許多方面，這都是「精通」的特徵，幾乎每個專業人士都培養出薩克斯伯格所謂的「模式識別」能力。從飛行員到建築師，從棒球選手到音樂家，專家都是以一種更融會貫通、更彼此關連的方式思考。他們的長期記憶是以「關係」爲基礎，而不是一個個孤立的「特徵」；是以「系統」爲依據，而不是「事實」。因此，他們就像預言家，像「行走的資料分析儀」，可以看穿問題的表面特徵，辨認出核心問題。

有一些實驗支持這個概念。認知科學家亞特．格雷澤曾經請一組人到他的實驗室，並讓這些受試者學習跟三種不同家庭用品有關的事：一個烤箱、一個汽缸頭螺栓、一部洗碗機。然後，格雷澤告訴受試者造成這些用品故障的多種可能原因。結果，了解這些用品的人在尋找損壞的原因時，能提出更好、更適當的問題。因爲看見關連、因爲明白事物之間的關係，他們更容易找到這些家庭用品故障的原因。

這種連結成網絡的專業知識或技能，需要花費很長的時間培養，我們會在下一章深入探討有哪些練習方法有助於達到這種程度的精通。不過，對剛投入某項學習活動的人來說，有件事情很重要：我們必須鎖定將某個理解範圍連繫在一起的基本邏輯，看看專業知識或技能是如何兜在一起的。

有個方法是在學習跟某個主題有關的新事物前，寫下你對該主題的認識。所以，假如我想磨練烤肉技巧，可能會寫下：選擇帶點肥肉的肉排；大火燒烤最佳；用烤肉夾翻烤，不要用叉子，這樣才能讓肉質保持鮮嫩多汁。如果想深入了解美國的「選舉人團」制度，我會寫下：協助選出總統的政治過程。

根據羅伯特．馬札諾等專家的說法，這樣做的好處是可以幫助人們聚焦於「關連」，而不是一個個孤立的事實。透過把已知的事寫下來，我們是在讓自己的心智做好準備，好在那個專業領域裡建立更多連結，創造一種比較系統化的思考及理解方式。

另外一項更能讓我們將所學內容連結成網絡的工具，就是低利害關係評量。做測驗的部分好處顯而易見：協助釐清，提供一些回饋意見、一點判斷。換句話說，測驗幫助我們了解自己不知道的到底是什麼。這個方法大有幫助，例如會計學考試不及格，我們就明白自己必須在會計學方面加強學習。

但同樣重要的是，非正式測驗可以幫助我們更大程度地將所學的專業知識系統化。例如，問問自己像這樣的問題：阿倫．伯爾對美國歷史爲什麼很重要？或者，登山時爲什麼要使用帶釘鞋底？不可避免地，你會開始回想相關的事實和概念。比方說，針對阿倫．伯爾的問題，你可能會想到曾經擔任副總統的他如何監督美國歷史上第一次的彈劾審判，並且把它跟現代的彈劾審判在概念上連結在一起；至於帶釘鞋底，你也許可以把它們想成動物的蹄子，只不過是套在登山鞋上。

事實上，高效學習者往往會在腦中**自我測驗**。學習的時候，他們會問自己：這爲什麼是眞的？這件事如何與其他概念連結在一起？例如，在格雷澤那項讓受試者學習了解家庭用品的研究中，詢問「爲什麼」和「如何」的人，對那些用品的了解比不這樣問的人深入多了。

去採訪卡普蘭的學習長薩克斯伯格時，他也在對話中這樣做。那天下午我們在談話時，他幾乎每兩個句子就以「對嗎？」結尾，然後稍稍停頓一下。實際上，他是在問：我們爲什麼會談到這個？你有多了解這件事？

此外，薩克斯伯格在卡普蘭也發現了幫助人們找到關連的價值，而在他的協助下，這家公司開始在他們的法學院入學考試特訓班採用一種更具針對性的教學法。過去，法學院入學考試特訓班在教推論時，是播放影片，影片中有個教授很激動地講課，告訴學生如何解決某一類的問題。不過，這家公司最近開發了一組學習工具，可以用一種更聚焦、更網絡化的方式呈現複雜的概念，並且用具體案例一步一步向學生講解全套解題技巧。

這組學習工具成效驚人，學生的測驗成績大幅提升；更重要的是，學生只花九分鐘就能掌握主題。相較之下，過去的影片教學要花掉學生九十分鐘，兩者相差幾乎一個半小時。

問題不在於影片不好或教授能力不足，而在於案例越多就能提供越多方法讓人看見關連。這種教學法以一種更加前後連貫、條理清楚的方式分解學習內容，讓學生更容易學會整個知識系統。

想要真正了解某件事，必須發展出一套思考能力

另一個思考這個概念的途徑，是「精通」不只關乎內容。專業知識或技能不只關乎累積事實，想要真正了解某件事，也必須發展出一套思考能力。有趣的是，這些思考能力往往精細複雜到專家本人都不太知道怎麼解釋。

我在幾年前遇到字體設計師馬修．卡特時產生了這個想法。通常，卡特不希望你注意到你正在讀的字——意思就是，看見「That」這個單字時，你不應該察覺T上面那一橫如何停留在h附近；看見字母W時，你不應該注意到那些讓它看起來很古典的厚重下行筆畫。「如果讀者意識到字體，這一定是個問題。」卡特告訴我。他認爲，書頁上的文字應該「不間斷地將作者的想法傳達給讀者」。

爲什麼卡特有如此強烈的主張？嗯，他是備受尊敬的字體設計大師，微軟的 Verdana 字型就

是他設計的。此外，卡特還創造了《紐約時報》的標題字體，以及手寫字體 Snell Roundhand。

我去拜訪卡特時，他告訴我，美國電話電報公司曾經請他設計一款可以印在低檔紙上的最小可讀字體，新字體的靈感有時會在他閒逛墓園、看著那些墓碑時浮現。他詳細描述那款專門用在電話簿上的 Bell Centennial 字體的設計過程：字母 g 下面的彎鉤變淺、變短，使上半部的空白增大，好讓字母更容易辨認、閱讀。

那個冬日午後，我們聊了很多，但提到究竟是哪些因素造就了一款美觀又容易閱讀的字體，卡特似乎也說不太清楚。例如，談到 h 和 t 該如何擺進一個單字裡才會協調，卡特說就是「純粹基於美感」；至於設計一款字體的過程，他說相當無趣，沒什麼可說的：「看我工作就像看著冰箱製作冰塊。」

毫不含糊地說，卡特是世界上最優秀的字體設計師之一，是字體設計界的邱吉爾。即使如此，他依舊說不清楚自己到底是如何進行設計工作的。

實際上，構成一個專業領域的種種因素很容易被忽略。一旦了解某樣事物，就很難向他人解釋這份知識。南加大教授、教育心理學家理查．克拉克透過幾十項不同的研究檢視了這個概念。他會請一個專家到他的實驗室，也許是經驗豐富的護理師、職業網球選手，或是老練的聯邦法官。然後，他會提出一些與對方專業領域有關的細節問題，例如：執行這個步驟時，你在想什麼？在那個步驟中，你的右手放在哪裡？能否一步一步地解釋你是怎麼做那件事的？

克拉克發現，對於「解決一個複雜但熟悉的問題或完成一項工作」需要做些什麼，這些備受敬重的專家只能清晰地描述出百分之三十左右，剩下的完全是「自動的、無意識的」——換句話說，專家掌握的知識大部分超出他們實際的理解範圍，他們不太清楚自己知道些什麼；他們就是讓自己知道的事情變得完全自動化。

所以很顯然地，我們不能找到一個專家就要對方向我們解釋某件事，因爲專家通常對自己所知的一切沒有足夠的意識。我們也無法光靠閱讀一篇維基百科文章，就對某個專業領域有眞正深入的了解——對於隱藏在其內容中的思考與推理技巧，大部分的維基百科文章都沒有充分的解釋。

不過，還有更糟的。還記得我們前面討論過，短期記憶只能保留很少量的資訊，例如三位數「119」嗎？短期記憶的狹小通道讓我們更難向專家學習，因爲我們無法同時處理大量新知。即使有人可以一次就向我們解釋清楚他所有的專業知識，我們也接收不了。把太多新資訊丟給我們，我們的大腦會超載。

然而，隨著學習活動繼續進行，我們可以用越來越多資訊塞住意義的漏洞。知識流進其他知識，技能支持著其他技能，隨著時間過去，藉由長期記憶的幫助，我們會越來越精通。「一直運用專業知識或技能，最終就會變得自動化。」克拉克告訴我，「這種自動化過程釋放了『思考空間』，讓我們可以在不讓短期記憶超載的情況下學習更多新知。」

但最終，還是要回到教育者的價值。我們需要了解自身專業，以及有辦法解釋該主題的指導者；然後，大家不該只因爲某人是某一領域的專家，就選擇對方作爲自己的教育者，應該也要尋找對傳授該主題有經驗，了解如何解釋關鍵技巧和概念的老師。同樣地，我們選擇的學習材料，必須是可以解開某個專業領域的思維，並以一種有針對性的方式說明，好讓人容易理解。

有意思的是，這種聚焦式的知識發展過程遠遠延伸到知識本身之外，對我們的情緒而言也很關鍵，接下來我們會討論這個主題。

對思考的思考及情緒如何影響學習？

想想你正在讀的這本書。在出版業，它被歸類爲科普書，也就是爲更廣大的讀者群轉譯學

隨機測驗6

涉及學習時，後設認知（例如對思考產生的思考）會比智力更重要。是或否？

術研究發現的書籍。

你以前也許看過這類書，例如麥爾坎·葛拉威爾寫過的一些科普讀物，以及芮貝卡·史克魯特的《改變人類醫療史的海拉》。

一般來說，科普書都遵循某一模式：這類書幾乎都會宣揚一個驚人的主題或概念。例如，葛拉威爾的《決斷2秒間》認爲瞬間做出的決定比經過深思熟慮的決定好；在《改變人類醫療史的海拉》這本書中，史克魯特探討了美國幾乎每個實驗室都在使用的細胞株的起源；而在《完美的未來》一書裡，史蒂芬·強森概述了一個思考社會改革的新方法，認爲應該由下而上改變。

如同任何一種敘事方式，科普書也有其缺點：它們有時會誇大書中的案例。因爲熱切地想要呈現書中違反人們直覺的發現，作者會掩蓋關鍵細節。正如丹尼爾·科伊爾在《天才密碼》書中所言，天賦無法簡化爲一種大腦問題；而葛拉威爾的「專長來自一萬小時的練習」這個觀點經不起詳細的檢視。

這件事爲什麼很重要？因爲知道你在讀些什麼，對於了解你正在讀的東西非常關鍵。脈絡或背景對理解而言往往是很重要的一部分；換言之，學習如何學通常就是關乎了解你正在學的東西。

例如，看看下面這段文字：

有一個正確的方法和一個錯誤的方法，但兩個方法的描述都不清楚。如果你採用錯的方法，有可能造成嚴重錯誤；然而，假如你採用正確的方法，還是有可能做錯。

你可以盡情反覆閱讀這段話，但假如不知道上下文，幾乎不可能理解這些文字。如果沒有更大的框架可以參考，這幾句話在邏輯上就毫無意義。

思考一下所有的可能性：這段文字出自某一本拆除炸彈技術手冊？或者出自一篇研究晶體形成過程的材料科學論文？一本有著不可靠敘事者的二十世紀間諜小說？還是一首描述人類行爲本質的抽象詩？這段話的來源有可能是上面任何一種，最終賦予這些文字實際意義的，是上下文脈絡。

後設認知有助於讓學習聚焦

前述概念之所以對我們如何讓自己的學習聚焦有重要含義，是因爲一種被稱爲「後設認知」的技巧。心理學家將「後設認知」定義爲「對思考的思考」，總的來說，就是去理解你如何理解某樣事物，是一個人對自己認知歷程的知識和覺察。

在某些方面，後設認知很容易發生。當你決定闔上說明書，開始組裝你從宜家家居買回來的桌子時，就投入了一種後設認知之中。在進行一場重要演講之前瘋狂地複習筆記？這是有點緊張的後設認知。那種想不起來某個高中同學的名字，話在嘴邊卻吐不出來的感覺？後設認知。

根據專家的說法，後設認知有兩個部分。第一部分是「計畫層面」：我要怎麼知道自己掌握了哪些知識？我的目標是什麼？我需要更多背景知識嗎？第二部分是「監控層面」：我可以用另一種方式學習這個概念嗎？我有沒有進步？我爲什麼要做我正在做的事？

這種後設認知對專家來說通常很容易發生。專家在處理某個問題時，對於這個問題是如何構成的會想很多。他們會感覺到自己的答案是否合理，會反思自己是如何得出答案的。

關鍵不是要把這種對思考的思考留給專家。事實上，研究顯示，初學者往往跟專家一樣需要這種後設認知；換句話說，越快提出後設認知問題，就能越快掌握新技能。

提到學習，最大的問題是人們從事的後設認知知道遠遠不夠。我們對於了解自己不知道的事物做得不夠，卻又對自己已經掌握的知識太過自信。所以，問題不在於左耳進、右耳出，而在於大家沒有花時間思索，沒有逼迫自己去理解。

關於這一點，我們可以把後設認知歸結爲一組用來自問的問題：我要怎麼知道自己掌握了哪些知識？我覺得哪些地方令人困惑？我有沒有辦法衡量自己的理解程度？這種詢問很有力，而對學習來說，後設認知往往比天生的聰明更重要。

例如，根據認知心理學家馬塞爾·韋曼的研究，有豐富能力可以管理自身思考過程的學生，成績會比超高智商的學生好。「我們發現後設認知對學習成果的影響通常占百分之四十，」韋曼告訴我，「而智商只占百分之二十五。」

寫作活動是後設認知的好例子，因爲在組織句子和段落時，我們經常會問自己一些很重要的後設認知問題：誰會讀這篇文章？他們會了解我的意思嗎？我需要解釋哪些東西？這就是爲什麼寫作往往是整理思路的有效方法，因爲它迫使我們去評估自己的論點，思考自己的想法。

心理學家道格．哈克等人將寫作描述爲一種「應用後設認知」，而這種狀況一直發生在我身上。例如，開始寫東西之前，我會出現某種想法——一絲關連、一點推論——而且那個念頭或論點會看起來無可辯駁。比方說，我要寫封電子郵件給我太太，問她週六晚上能不能照顧孩子，因爲我有個大學同學來了。

可是，當我開始寫信時，我的理由就瓦解了。我意識到自己的論點完全沒有說服力，因爲我上個月才見過那個大學同學，我設定的郵件受衆（我太太）不可能接受這個理由。於是，這封郵件就被我丟進了垃圾桶。用哈克的話說，我應用了一種後設認知，發現了自己邏輯上的漏洞。

我們自己就可以這樣做。想像一下，你想要成爲一個更好的旅行攝影師，那麼，在開始學習攝影時，問自己幾個後設認知問題：專家會如何思考要怎麼拍這張照片？我要如何思考光線和構圖？

再舉個例子。假如你想加深對「閏年」的理解，可以問問自己：我對閏年有何認識？人們是怎麼了解閏年的？閏年爲何會被稱爲「閏年」？

研究人員建議，要早在開始學習某樣事物前就提出這類問題。在習得一點專業知識或技能之前先探索自己，是在啓動我們的後設認知幫浦，讓我們的學習更持久。事實上，心理學家琳賽·里奇蘭和她的同事發現，在閱讀一段文字之前先試著回答幾個後設認知問題的人，學到的東西多很多，即使他們無法正確回答那些問題。

或者，想想這一點點後設認知：你有沒有注意到散布在本書中的隨機測驗題？我在每一章都插入幾題，想要促進一種對思考的思考。我希望你試著回答每一個問題，並且想一想：我知道這件跟學習有關的事嗎？我爲什麼知道這件跟學習有關的事？這樣做最終會讓你有更深入的理解。

情緒會影響學習效率

後設認知的力量超越我們的思考活動，擴及我們的情緒，而對學習過程來說，我們必須管理自己的感覺。如果後設認知是關乎計畫與監控自己的思考，我們對情緒也必須這樣做。學習的時候，要問問自己：我感覺如何？這項學習任務令人沮喪嗎？令人害怕嗎？

大家很容易忘記，學習是一種強烈的情緒性活動，我們的感覺對我們學習任何一種技能的能力有戲劇性的影響。提到學習的這一面，人們往往會聯想到小孩子，而有些八年級生在上代數課時確實什麼事都會做，除了開口說自己需要幫助，因爲他們實在太難爲情了。

不過，情緒在成人的學習中也扮演非常重要的角色。感覺往往決定了我們要學習什麼。心理學的一個新研究方向顯示，對我們的知識和技能而言，情緒實際上有基石的作用。我們的思想與感受交織在一起，最後，認知與非認知學習方式之間眞的就沒有實際差別了。

以一個叫艾略特的病人爲例。一九七〇年代末期的某一天，艾略特走進安東尼歐．達馬吉歐的辦公室。達馬吉歐當時是愛荷華大學的神經學教授，艾略特則剛剛接受手術，摘除腦部的一顆大腫瘤。那顆腫瘤長在他鼻子上方，就在眼睛後面，最終長到跟過大的高爾夫球一樣大小。

手術之前，艾略特是個正直的父親、成功的商人，聰明、風趣又博學，是社區居民的榜樣；手術之後，他的智商仍然維持在高水準，還是可以談論政治、聊聊新聞，甚至開開玩笑，卻變得沒有情緒了。在其著作《笛卡兒的錯誤》中，達馬吉歐寫道：「即使談論可能會讓人尷尬的私人問題，他依然冷靜、超然、鎮定自若。」

後來，達馬吉歐發現幾個與艾略特有相似大腦損傷的患者，這些人都出現類似的症狀——他們似乎喪失了所有的情緒，似乎變得完全理性。這種狀況某方面好像挺有吸引力：沒有了情緒的影響，我們似乎終於可以清晰地思考了。

但情況完全不是如此，艾略特這樣的患者變得很難做決定。沒有了情緒，他們迷失在理性思維中。他們缺乏思考能力，缺乏推理問題的能力。還有金錢方面的問題，艾略特就被一個提出一份含糊事業計畫的騙子騙走了一大筆錢。

這些患者就是無法了解一個問題的整體本質。達馬吉歐曾經問一名同樣有額葉損傷的患者下一次何時要來實驗室，他建議了兩個日期，這名患者就開始檢視自己的行程表。

接下來的三十分鐘，這名患者概述了影響他在這兩個日期之間做決定的所有理由。他跟人先前有約，之後也會有，還提到天氣、時間，以及可能要參加的其他會議——這名患者談到了可能左右他做決定的任何事。

「我拿出極大的自制力才沒有敲桌子打斷他。」達馬吉歐寫道，「但最後我們輕聲告訴他，他應該在第二個日期那天來。他的回應既平靜又乾脆，只是說了句『那好吧』，把行程表放回口袋，然後就離開了。」

涉及學習和思考時，情緒充當了第一道防線。它們就像門衛，會告訴我們是否應該啓動推理能力。這是艾略特欠缺的：他沒有辦法發出信號叫自己去推理。他不知道如何——或何時——思考。正如達馬吉歐所言：「情緒是推理的一環。」

然而，思想與感受還有更深的關係，而問題的源頭又回到我們的大腦。人的神經系統並不是像汽車引擎那樣包含一些各自分離獨立的零件，而是一個由各種連結組成的海洋，是一團交織在一起的部件，人們經常為了不同的目的重複使用同樣的神經部位。

例如，社會因素引發的痛苦和身體上的疼痛，動用的是相同的大腦迴路；同樣地，情緒上的痛苦啓動的神經系統，與肉體痛苦是一樣的。在許多方面，覺得孤獨的痛苦與割傷手指的疼痛沒有神經系統上的差異，而由多巴胺激發的快樂，無論是來自解開數學題，或是因爲與朋友有所連結，最終都沒有太大差別。

也就是說，頭腦是心的一部分；或者再換個說法，身體和大腦往往沒什麼不同。支持這個概念的一些實驗室研究很有名——老實說，是非常不可思議。例如，假使某人身體不舒服，他看別人的臉會覺得對方比較憤怒；促使某人寬容、原諒，那種救贖的感覺會讓他在體能測驗中跳得更高。而我最喜歡的一項研究是，如果隨機對人比中指，對那個人會比較沒有正面看法，即使從來沒有跟對方接觸過。

身體與心智之間、情緒與思想之間的深層連結，有助於解釋我們在第一章提到的珠心算的一部分力量：當人們邊計算邊動手指時，往往會啓動與實際進行數學運算時同樣的大腦迴路。如同哈佛大學的尼翁．布魯克斯告訴我的，在心算過程中，手是在幫助大腦「思考」。

這個概念有一些頗具吸引力的用途。下次當你面對一道幾何題——或者甚至是一張建築圖——研究建議你應該實際用手指畫一畫，這樣才能更深入地理解這個問題裡面埋藏的問題。根據專家的說法，手部動作讓那些圖形更容易理解，因而提升學習成效。

此外，心理學家祥恩．貝洛克建議加入動作來幫助記憶特定想法。所以，如果你想確保自己在一場重要的演講結束時會向主辦人致謝，練習時就務必要讓感謝的話語和特定動作——例如點頭——連繫在一起。那麼，在演講的時候，點個頭，這個動作會點燃你對那些感謝話語的記憶。

至於我，我通常會用雙手幫助記憶電話會議的號碼。例如不久前，我必須打電話到一個會議裡，那個電話號碼有三個連著的4，所以我伸出三根手指來幫助自己記得那串數字，基本上就是把記憶的任務轉移給雙手，把身體當作某種形式的智力；換句話說，我的手指暫時是我的心智。

自我效能可以幫助管理學習過程中的情緒

情緒有其不利之處。強烈的感覺也可能會阻礙我們學習，如果情緒上覺得不舒服，我們就無法習得技能；假如覺得有壓力，我們的頭腦就沒辦法平靜下來。不斷有研究顯示，情緒也可能會降低學習效果。悲傷、憂鬱，甚至只是身體不適，都會讓人更難習得專業知識或技能。

那麼，該如何鎖定與學習有關的情緒？如何管理自己的感受，爲學習活動做計畫？讓我們以吉姆·泰勒爲例，回答這些問題。

在很長一段時間裡，泰勒都是一名不錯的高山滑雪曲道賽選手，但談不上優秀。每次參加全美排名賽時，他通常無法完成比賽。因爲擔心自己的表現，擔心自己用掉的時間，他會錯過旗門。他會犯下很糊塗的錯，在一個轉彎處判斷錯誤，然後撞進雪堆裡。「一團糟！」泰勒如此描述自己，「我就是自己最大的敵人。」

在大學修了一門心理學課之後，泰勒稍微調整自己的情緒準備工作，運用「心像」爲比賽做練習。在踏進起點門之前，他就已經開始想像自己從山頂往下滑的過程，想像每個旗門、每個雪墩、每一次臀部的轉向。這是一種心智的想像，「從裡到外」觀察自己的表現。

泰勒把他這種小調整的結果稱爲「奇觀」。透過運用心像，他對自己的能力有了更大的信心，最終改變了他對比賽的感覺。「從懷疑變成有自信，」泰勒說，「從焦慮變成專注。」不到一年，泰勒就成爲他那個年齡組別的全美二十名頂尖好手之一，最終進入了美國國家滑雪隊。

心像的力量來自大腦互相連結的本質，身體與心智的深層連繫解釋了爲什麼心像可以產生如此戲劇性的效果。想像某種體驗與該體驗本身，其實沒有太大差異。

心像讓泰勒獲得了心理學家所謂的「自我效能」。自我效能是一種對自身能力的信賴，一種認爲自己會成功的感覺，對於處理學習過程中情緒上的變幻無常至關重要。這是一種管理自身感受的方法，當泰勒在進行心像練習時，他建立了一種重要的自信：「抵達比賽場地時，我知道自己不只能完成比賽，還會贏得比賽。」

跟許多心理學理論一樣，自我效能是個簡單卻深刻的概念。史丹佛大學心理學家亞伯特．

班杜拉在一九七〇年代首先發展出這個概念，在一些重要的研究論文中，他主張人必須對成功抱持期望；具體來說，班杜拉發現如果知道自己可以完成某項活動，人更有可能去從事那項活動。所以，自我效能與一種全面的自信感不同。它不是跟自尊有關，而是以「我能完成一項特定任務」「對於我立志要做的事，我可以取得正面結果」的信念為中心。

這種對成功的期待有各種好處。如果相信自己可以完成某項任務，我們更有可能付出努力。抱持著更大的自我效能感，我們也更有可能達成目標，並對結果更加滿意。同樣重要的是，自我效能會促進聚焦，讓我們更鎖定自己的目標，因而更有能力處理令我們分心的事物。

例如，我跟班杜拉連絡時，他回了一封電子郵件給我，說他正在「加班」寫他的新書，每天「工作到深夜」，沒有時間接受採訪。這就是自我效能在發揮作用：越有信心，我們就越投入。我們會有一種更強烈的控制感，更加意識到自己是自身目標的「代理人」，有能力運用策略實現目標。班杜拉想要寫一本書，而他要達成那個目標，不管電子郵件收件匣裡有多少封信。

因此，自我效能是學習過程中必然會遭遇的挫折的緩衝物。如果知道自己會完成，我們更有能力處理挫折及讓我們分心的事物，處理受傷的感覺，以及學習所需的專注焦點。

當他終於擠出時間接受我的採訪時，班杜拉特別強調這一點。他告訴我，在學習過程中，人們必須想辦法處理各種讓人不得安寧的感覺：我夠好嗎？我會失敗嗎？萬一我錯了怎麼辦？難道我就不能幹點別的嗎？班杜拉認為，這類想法和情緒會迅速奪走我們學習專業知識或技能的能力，也會擾亂我們的短期記憶。這些感覺雖然很典型，但如果太多，「你會徹底累垮」。

有一些方法可以管理這些想法和情緒，而我們必須寫出計畫、制定長期策略，以幫助自己保持動力。就這一點而言，「學習如何學」通常可歸結爲一種「專案監督」，關乎設定清楚且可衡量的目標，然後找出方法去實現那些目標。

數百項研究顯示，有清楚目標的人，其表現會勝過只有模糊願望（如「把工作做好」）的人。透過設定目標，我們更能達成自己想要完成的事。但必須說清楚的是，學習目標不應該是那種新年願望式的目標，例如「學會探戈」。班杜拉認爲，太過野心勃勃的學習目標可能會產生反效果，因爲這樣的目標看起來太模糊、太遙遠了。

班杜拉的研究說明，如果設定容易達成的基準，比較有可能成功。所以，不要設定「學會探戈」這種目標，而是應該把它細分成比較小的目標，例如一週上一次探戈課，或是每週三晚上和每週日下午在家練習跳舞。這樣的目標大有幫助，而且往往是一種管理情緒的好方法。

與此同時，我們必須讓自己在情緒上持續受到鼓舞。就這一點而言，自我對話很重要，而且要避免非黑即白的思維模式。所以，不要對自己說「我糟透了」，而是要說「我正在努力」。此外，務必要尋找自己有所進步的時刻，即使是小小的成就也要獎勵自己，例如記下：「我今天練習了三小時！」

爲了幫助自己持續受到激勵，我們也可以和自己打賭。例如，若干年前，程式設計師法蘭西斯科．西里洛發明了一種可以創造效能感的有效方法。那時，西里洛還是個大學生，他發現自己很容易分心，什麼事都可以分散他的注意力。於是，他跟自己打賭：他拿了一個番茄形的廚房用計時器，設定十分鐘，然後賭自己在這段時間內不分心。

這個方法很有效，西里洛很快就開始用不同的時間長度做實驗。最後他發現，最好的方法是學習二十五分鐘，然後休息五分鐘，做一些毫無目的的活動，例如滑臉書，或是去抓寶可夢。西里洛把這個做法稱為「番茄鐘工作法」，是一種在設定目標以完成工作的同時，兼顧我們對休息的需求的方法。

我已經使用番茄鐘工作法很多年了，這是提升我的自我效能感的一種方式，並讓我意識到，想要達到精通水準需要「管理」。我們需要一個方法來克服學習過程中不可避免的分心，以及因為沒有經驗而犯的錯。滑雪選手吉姆．泰勒說得好，學習往往就是關乎「在你的心眼中感受到成功」。

對困難的期待對學習來說很重要

學習比較社會、比較情緒的面向，往往會在我採訪研究人員時出現，而且通常是在我提出「那個問題」的時候。

每次採訪學習專家時，我幾乎都會提出這樣的疑問：你是如何學會學習的？如果你要學習一項新技能，你會如何進行這項任務？你在教自己的孩子或學生時，與其他大部分父母或老師的做法有何不同？

某種程度上，我單純想知道專家在自己的生活中是怎麼做的。我在心裡把如此疑問稱爲「那個問題」，而聽到我這樣問之後，受訪者通常會停頓一下或清清喉嚨。有時候，我覺得好像聽到對方的觀點轉變了，從學術觀點轉成父母觀點，從專家心態轉成學習者心態。

不令人意外地，答案通常會反映這名專家的觀點。如果是數學專家，他可能會提到數學；若是研究記憶的專家，則可能會談起記憶方面的話題。

然而，無論是哪個領域的專家，學習的「情緒面」總是一再被提到。我們在第一章提過研究珠心算的大衛．巴納，他與我共進晚餐時告訴我，他經常和女兒一起猜數學謎題，這樣他女兒就會覺得數學很有趣。

在其他例子中，研究人員基本上會把研究課題帶回家。恆毅力專家安琪拉．達克沃斯告訴

隨機測驗7

小測驗是一種有效的學習方法。是或否？

我，孩子還在念幼稚園的時候，她就教他們「自制力」的實驗了。

關於我們比較柔軟那一面，最「刺激」的答案也許來自認知科學家麗莎．孫。某天下午，我和孫教授約在紐約的一家星巴克見面，聊了一會兒，當小孩的話題出現時，我便提出「那個問題」。

孫教授立刻微笑著對我說：「我會盡可能向我的孩子解釋我工作上的事。」

孫教授研究的是記憶對學習的作用，而她堅信「困難」是很有價值的。她期望學習充滿困難與掙扎，讓人覺得不舒服。「父母要做的，就是允許孩子接受不舒服，接受不知道答案。」孫教授告訴我，「如果學生從來沒有機會與自己的想法搏鬥，那麼將來出現的掙扎、難事，也許會變得太過令人沮喪。」

孫教授提供一些例子，說明她如何要求孩子眞正去努力解決自己的學習問題。她經常會保留一些關鍵知識，以幫助孩子學習。例如，面對科學話題，她回饋意見時會含糊其辭；或者，孩子問她一個數學問題時，她不會說出正確答案。

事實上，孫教授是在試圖製造一些學習上的痛苦。比方說，她不會阻止兒子因爲想不出答案而把腦袋撞到餐桌上，除非他好像眞的要敲破頭了；女兒問起時區的概念時，她不會向她解釋，就算過了好幾個月。「身爲研究人員，我永遠不會給我的孩子答案，永遠不會！」她說，「我只給提示。」

孫教授的方法建立在「學習是心智活動」的概念上，她在自己的實驗室也觀察到類似的效應：如果人們必須付出更多認知上的努力，他們會獲得更多。例如，一個叫莫爾的學生寫了一篇短論文，裡面有幾個拼寫錯誤。多數人會告訴莫爾那些字的正確拼法，但孫教授不會這麼做，她會要求莫爾：「仔細檢查整篇文章，看看那些難的單字你是不是都拼對了」。

如果莫爾沒有發現特定拼寫問題，孫教授也許會指出他拼錯的是哪幾個字，但根據她的研究結果，孫教授不會告訴他正確答案，或是把那些字拼出來給他看，莫爾必須自己找出正確答案。「學生自己讀得越多，就會發現這個字的正確拼法，然後就再也不會忘記正確答案了。」孫教授告訴我，「爲了長期的最大學習效力，人們必須自己學習。」

對困難的期待對學習來說很重要，這是「自我效能」概念的延伸。我們必須相信自己的努力會有回報，也需要別人相信這件事。我在自己的成長過程中看見這一點。

我對「努力不懈」的確並不總是抱持正面看法，早期的學校經歷讓我相信自己在學習上有些遲緩。老師是個重要因素——有些老師對我的能力抱持非常有限的觀點。一年級時，有個老師跟我媽媽說我將來最有可能變成廚師，另一個老師則問我祖父母是不是納粹。

我也把別人的這種觀點表現出來。例如，中學時，我曾經因爲燒了一張實驗桌，引發必須動用工業級滅火器的大火，被學校禁止上課。

不過，我的認同逐漸改變。因爲我父母的盡心盡力，因爲某些老師的幫助，我開始對自己、對學習的本質有了不同的看法。我了解到，我擁有和其他人相同的基本天賦——幾乎每個人都有——我的頭腦只是需要比較多時間來理解學習內容。我必須更加努力才行。

隨著時間過去，「努力」成了我的學習的核心部分。這是我的生活寫照，我簽下的社會契約。我決心比班上每一個人都努力，並向同學解釋，我在學習上是一匹役用馬，一隻必須十足努力才能成功的動物。我的社交圈也慢慢改變，叛逆小子變少，土頭土腦的宅男變多了。

家庭背景對我有很大的幫助。我來自一個苦幹的家庭，爸爸經常說一句德國諺語，意思大概是：「如果你沒有聰明的腦袋，就依靠你發達的肌肉。」我的德國血統也大有幫助，日爾曼人對勤勉的執著，爲我那「努力很重要」的信念添加了一層社會意義。

幾年下來，別人開始對我有更多期待，我自己也是，有時甚至到了極端的程度。上大學的第一堂課之前，我記得我爲了讓自己在情緒上做好準備，偷偷溜進空蕩蕩的大學教室裡。那間空教室微塵輕揚，我站在座椅中間，想起家人和朋友的鼓勵，輕聲對自己說：「我不會讓別人比我更拚命，我要比其他任何人都努力。」

現在看來，我那句自我激勵的話似乎太過戲劇性。這只是大學課程，又不是什麼文明衝突。但同時，我們也需要這樣的鼓舞。涉及學習的情緒面時，我們不要獨自努力，在那個空蕩蕩的教室裡，我是在讓自己想起我是誰，培養大學所需的社會與情緒效能。

這裡的重點很簡單：我們必須相信「努力」，必須知道學習是困難的，而且必須讓周遭的人也這樣相信。爲了克服學習過程中的困難，我們需要社會支持。或者，回想一下前一章討論過的「社群團隊」計畫，該計畫之所以那麼有效，部分原因是創造了一種對成功的強烈集體期望。

我在自己的研究中也看到這一點。我和幾個同事發現，老師對學生的態度對結果有巨大影響。例如，在我們的研究中，如果高中老師預期自己的學生會完成大學學業，那些學生取得大學文憑的可能性多三倍；換句話說，如果一個人的高中老師相信他可以順利從大學畢業，他取得大學學位的可能性會高很多。

這個概念就是麗莎．孫的教育方法的核心，她以努力的本質、以通往專業知識或技能的路爲中心建立規範。訪談中，孫教授大笑著告訴我：「我也覺得自己做得過火了，但如果你跟我的孩子說答案，他們會翻臉。」

學習時，必須在社會支持和社會壓力間取得平衡

提到聚焦於自己的感覺，還有最後一課，這一課會帶我們回到羅伯特．史萊文的「全員成功」教育改革方案。說得更確切一點，就是學習專業知識或技能這件事的情緒面中心，存在一個奇怪的矛盾之處：學習的時候，我們往往必須在社會支持和社會壓力之間尋求平衡。

拜訪實施「全員成功」方案的溫莎山中小學時，這個想法常常浮現在我腦海裡，例如有個

孩子對我說「你長得好像喬．弗拉科」那個早上。

那時，我正站在學校大廳裡。自從史萊文帶我去過之後，我一年內又去拜訪過四次。我很好奇這所學校是如何實施這項改革方案的，也想知道隨著時間過去，比較聚焦的學習方法效果怎麼樣。

那天早上，我正等著和校長柯瑞．貝斯馬吉安碰面。聽到那孩子的話之後，我馬上用手機上網搜尋巴爾的摩烏鴉隊四分衛喬．弗拉科的照片，一邊搜一邊想：「哇，我長得像個美式足球超級明星！」

但十分鐘後，我見到了貝斯馬吉安，他跟我一樣是個白人。校長告訴我，學校的人也常常把他誤認成喬．弗拉科，那一刻，我突然意識到尷尬的種族問題。是種族隔離，而不是我實際的長相，讓我看起來像個美式足球明星。

這一點應該已經顯而易見。這所學校的種族隔離情況很明顯，整個學校頂多一、兩個白人學生，而在非裔美國人弗萊迪．格雷之死引發暴動之後，這個問題變得更加明顯。巴爾的摩警方在一次掃毒行動中逮捕了弗萊迪．格雷，後來他死在警車後座，死之前一直在呼救。格雷的死激起一股憤怒的浪潮，舉行葬禮那天晚上，人們燒毀汽車、洗劫商店。

暴動就發生在離溫莎山中小學幾個街區的地方。有些中學生吹噓著自己是如何跑過那幾條街，格雷的外甥甚至在溫莎山讀二年級，還登上報紙頭版。我在搶劫狀況平息下來的隔天去學校拜訪，那時警察還在整個城市巡邏，國民兵還在街角警戒，而在頭頂呼呼作響的直升機讓人感覺彷彿置身一個飽受戰爭蹂躪的國度。

暴動過後，溫莎山這樣的學校對學生人數下降早有預期。我們已經知道，強烈的情緒讓人難以學習。不過，情緒上的支持可能會導致滑坡效應，太憐憫、太寬容慈悲有其危險，所以暴動發生後的幾週裡，溫莎山的許多老師都很努力要度過這個兩難局面。

一方面，老師們希望提供支持，幫助學生在情緒上成長；另一方面，他們又希望學生在學業上堅持不懈。他們想要刺激學生。例如，一天下午，我溜進娜歐蜜·布勞希爾德老師的班上，她正在二樓的五年級教室教語文課。

「你們開始學新課本的內容了，」布勞希爾德說，「有人可以告訴我新課本在講些什麼嗎？」

一陣停頓，然後是一陣交頭接耳，有個學生咕噥著說：「什麼新課本？」

布勞希爾德帶有警告意味地轉過身，點了一個學生的名字：「丹特，你來說！」

「它是在講有毒青蛙、有毒動物之類的。」男孩答道。

「謝謝！誰還有不同的答案？」布勞希爾德問道，然後點了另一個學生，「拉馬克斯？」

「它是在講危險的動物。」這個男孩說道。

布勞希爾德一向都不嚴厲，甚至說不上嚴格。學生經常給她一個擁抱，她也時常開懷大笑。教室總是熱熱鬧鬧的，布勞希爾德會指派許多小組功課，學生兩兩一組，在教室角落裡嘰嘰喳喳地討論。一堂課結束時——有時是在課堂上——會有個「腦袋休息時間」，布勞希爾德會跟學生一起跳舞。

布勞希爾德似乎只是想走中道路線，而提到學習，我們都能從她的方法中獲益。我們必須爲自己設定嚴格的目標，必須預期過程中會有許多困難和挫折；但同時，我們也要在情緒上騰出空間，以支持我們的社會層面。如果不覺得自己能夠學，是學不會的。

覺察也很關鍵。學習就是關乎認清自己要學的究竟是什麼，以及學得到底有多好。我們準備好要學習了嗎？我們知道自己知道些什麼嗎？我們知道自己還需要學些什麼嗎？接下來我們究竟要學什麼？當我們要開始學習一個新領域的專業知識或技能時，這種有針對性的後設認知式焦點非常重要；而若是對某個主題所知不多，比較結構化的教學形式會很有幫助。

然而，這是一種向前發展，一種情緒上的向前發展，了解得越多，我們越有自信。而從認知的角度來說，學習也是一種向前發展，了解得越多，我們就需要越多開放式的活動。隨著自己逐漸精通某項專長，我們就需要在更多缺乏結構的新問題上練習運用自己的知識和技能——下一章會討論這個主題。

至於溫莎山中小學，他們持續宣告新的成就。校長增加了校外教學的次數，組建了一支美式足球隊，舉辦了一場爲期一週的野外宿營活動。然而，外界的干擾還是存在——學生會突然在餐廳打架，搞得學校每一支對講機的呼叫鈴聲響個不停；有些老師因爲對改變充滿挫折感而離職；有些教室的空調壞了，六月天在裡面上課會覺得彷彿身處雨林。

最近一次去溫莎山中小學，離開的時候，我緩步走向停在離學校大門不遠處的汽車。走到車子旁，我轉過身。那一刻，在普照的陽光下，孩子們的聲音越過操場傳了過來，學校看起來龐大又莊嚴，像一座矗立在山丘上的學術城堡。有一條清楚的路，通向未來。

第 3 章

提升能力

一旦弄清楚要學什麼、怎麼學，就應該開始提高專業水準，以一種結構化的方式磨練自己的技能。

以結構化的方式提升專業技能

第一個跡象也許是那顆三分球。籃球賽已經進行了大約一個小時，我的T恤被汗水浸得濕透了。血液在我耳朵裡砰然作響，腎上腺素高漲。我在左翼接到傳球，而防守隊員給了我一個三分線大空檔。

我原本不應該投籃的。多年來，我一直是球場上表現最差的球員之一，勉強能上籃，隊友進攻時完全忽略我的存在，對手鎖定我則是準備抄截，因爲太容易得手了，算是賺點外快。即使跟一群又慢又弱的中年人打球，我也顯得又慢又弱，而且明顯處於中年。

然而，當時我站在三分線處，就我一個人，沒人防守。於是，我讓手肘貼近身體，把球投了出去。球往籃框飛去，然後出乎意料地，居然啪地一聲進了籃網。

「三分球！」有人大喊道。

球眞的進了嗎？我心想，然後隨即出現一個念頭：我的籃球課是我投進這顆球的原因嗎？

關於我籃球生涯的故事很短。小時候，我很喜歡打籃球，中學時期還在房間牆上貼魔術強森的海報。但十八、九歲時，我放棄了運動，因爲其他興趣吸引了我的注意力，學業將我拉進它的勢力範圍。有很長一段時間，我每年去一次球場，大部分是和哥哥玩街頭籃球。

但幾年前，我開始參加每週三晚上的隨機組隊比賽，於是又愛上了籃球——讓人筋疲力竭的練習、因爲投進一顆好球而湧起的自豪，以及賽後去酒吧喝上一杯。不過，沒人想和我同一隊。有幾個晚上，我一顆球都沒投進，看起來我唯一的作用，就是專心致力於對對手犯規。

一天下午，我在分類廣告網站 Craigslist 上找到籃球教練杜安·山繆斯。二十多歲時，山繆斯曾經在幾所知名大學打籃球，獲得在夏季聯盟與職業球星對陣的機會。後來，山繆斯到華盛頓將軍隊打球，這支球隊是哈林籃球隊常年的對手。

雖然已經離開職業籃球，山繆斯還是人類迅猛龍，體型高大、肌肉發達，上第一堂課時，他就讓我練習短跑衝刺、跳繩，以及進行繩梯訓練。最後，他扔給我一顆籃球，要我複習幾個基本動作：快速運球繞過一排橘色圓錐、上籃、雙腳起跳投籃。

山繆斯十幾歲時從牙買加來到美國。說話帶點加勒比海口音的他總是在我重複一些小學時期就做過的訓練動作時，緩慢而堅定地建議我、鼓勵我：「手肘向內收緊。瞄準籃板上沿。」

因爲害羞、不好意思，我沒有跟任何人說我在上籃球課——沒有告訴朋友，沒有告訴家人，當然也沒有告訴一起打球的人。一個手腳不靈活的四十多歲中年人不該去上籃球課。網球課？也許可以。高爾夫球課？很好。但籃球是年輕人的運動，需要快速和敏捷，山繆斯大部分的客戶都和我的孩子年齡相仿。

然而，幾週之內，我的跳投開始越來越常命中，也可以投進三分球了。其他人開始注意到我的變化。一個朋友希望我針對他的做法提供建議，另一個人寄了封電子郵件給我，說我的投籃「讓別人黯然失色」。事實上，我的表現改善的幅度大到一名隊友開玩笑地問我是不是服用了類固醇。

幾堂課怎麼可能就有這麼大的影響？山繆斯是什麼瘋狂天才教練嗎？或者，這些年來，我是不是沒有領會練習的本質？

這些問題的答案會讓我們認識到提升知識與技能的重要性，也就是學習過程的下一階段。一旦弄清楚要學什麼、怎麼學，就應該開始提高專業水準。說得更確切一點，我們必須進入一個回饋循環，以一種結構化的方式磨練自己的技能。

✔ 單純的反覆練習是無效的

從上述意義來看，許多人所謂的練習並不是真正的練習。他們沒有採用專門的方法來改進，也沒有運用任何一種學習法。大量研究結果顯示，練習時間量與實際取得多少學習成果之間沒有什麼關係。

或者，想想有些大學新生即使已經解過一千五百多道基本物理學問題，對基本物理學還是有一些很明顯的錯誤觀念。所以，雖然這些學生在高中可以迅速解答一個又一個牛頓力學問題，還是無法眞正解釋清楚牛頓第三運動定律。

知識效應在這裡扮演重要角色，無論是跟哈林籃球隊比賽，或是要提高拉丁語水準，如果對某項技能沒有一些認識，就很難想像該如何發展該技能。在這個意義上，每個初學者都缺乏後設認知能力，亦即不知道自己必須理解些什麼。這就是他們之所以是初學者的原因。

例如，我在都市規畫方面無法有所進步，因爲我對這個主題知道得不夠多。再舉個例子：鳥類專家可以分辨三百種不同的鴿子，而我是個業餘者，所以老實說，牠們在我看來都像鴿子，那麼，我很難改進分辨林鴿和斑鳩的能力也就不足爲奇了。

很多事都對這種狀況負有責任，我們通常不會去尋找提升自身技能、讓自己變得更好的方法。書寫就是個好例子。小學畢業後，我們往往不會著重去練習手寫字，所以寫出來的g看起來比較像s，一個個句子看起來則像一組虎爪痕。在醫學領域，儘管糟糕的書寫能力每年導致七千人死亡，這種字跡潦草的情況還是會出現。

提到培養技能，評鑑也很重要。我們需要有針對性的回饋意見。《刻意練習》一書作者安

隨機測驗8

含糖飲料會降低人們的學習能力。是或否？

德斯．艾瑞克森認爲，很多練習都是沒用的，因爲缺乏足夠的專門監控，以及聚焦的、目標明確的評論。「大多數人在試著提升自身技能時，並不清楚應該改善什麼，所以只是在浪費時間。」艾瑞克森告訴我。

在這一點上，我曾經是頭號罪人。在上山繆斯的籃球課之前，我會去附近的球場練球，隨意投籃半小時，練長距離跳投。然而，我的努力並沒有焦點。我沒有得到針對我的步法的任何回饋意見，也並未特別去磨練某些動作；很長一段時間裡，我甚至沒有記錄自己投進了多少球。

而接受山繆斯指導的經驗截然不同。我們會去改善非常細節的地方，例如禁區裡的近距離跳投，或是原地運球急停跳投。沒有上課的時候，我也有課外作業要做，例如仰臥投籃。有一次，我們還談到我在出手投籃時，中指應該怎麼轉離籃球，好讓食指在離開球的時候是向下的，彷彿要把它浸入一杯水裡。

和山繆斯一起練球時，針對性的評論經常出現。上課的時候，我練習上籃的時間沒有練擦板多，提升投籃技巧的時間沒有確認雙腳是否擺對位置的時間多。有時候，山繆斯會抓住我的鞋子或移動我的臀部來調整我的姿勢。「細節優先！」他常常這樣說，「細節優先！」

至於我的第一顆三分球，我隔天寫了封電子郵件給山繆斯，告訴他，我嗖地一聲投進了一顆三分球。他和我一樣驚訝，也一樣充滿熱忱，不到一小時就回覆我：「現在，你擁有無限可能！」

回饋意見有助於提升練習成效

在許多方面，在一個專業領域中的成長始於**回饋意見**。一旦意識到自己要學什麼，並且開始學習了，就需要一些資訊來讓我們知道自己表現得如何。

我最喜歡的例子是馬克．伯恩斯坦。

伯恩斯坦是多倫多的一名腦外科醫師，他曾經把十年間在他執刀的手術中出現的每一個錯都寫下來。例如，一根試管掉到地上、縫線沒縫牢，連跟護理師溝通時出現的一點小誤解，他都會記錄在自己的資料庫，並標記手術日期和患者年齡等各種細節。

後來，當伯恩斯坦和他的同事仔細檢視這些資料時才發現，記錄錯誤這件事影響巨大。藉由寫下所有的失誤——亦即創造一個回饋系統——伯恩斯坦和他的團隊犯的錯少很多。效果立竿見影，頭一年，他的團隊的手術錯誤率就直線下降；更重要的是，這種效果持續了超過十年，最終，伯恩斯坦的手術錯誤率從每個月超過三個，下降到每個月大約一．五個。

伯恩斯坦採用的是非常基本的意見回饋形式：**監控**。根據寫過伯恩斯坦故事的研究學者（如艾瑞克森）的看法，這種方式往往可歸結為一種覺察。為了追蹤記錄結果，必須注意正在發生的事。以伯恩斯坦為例，他需要留意錯誤、尋找疏忽的地方、重新檢視差錯，而他團隊的疏忽往往非常顯而易見——如果某部機器沒有正常運轉，或者手術刀掉到地上，這些都是錯誤。

但總的來說，伯恩斯坦所謂的錯誤都是比較細微的小事，例如海綿擺放的位置不恰當、麻醉效果延遲出現、聽錯話或指令等。在這方面，監控顯得格外重要。爲了發現錯誤，我們必須記錄錯誤、觀察失誤。每一場手術結束後，伯恩斯坦都會把每一個錯誤登錄在資料庫裡，記下錯誤的嚴重程度、類型，以及避免錯誤發生的可能性有多少。

爲了監控自身表現，有人會使用日誌或日記。例如，我有一份保留了很長一段時間的檔案，裡面是我在反省自己的寫作表現之後記下來的東西。和許多人一樣，我經常犯一些文法錯誤，往往會把 which 和 that 搞混，而在這份檔案裡，我會舉例說明自己的錯誤，並且寫一些筆記，注明未來如何避免錯誤或提升表現。

還有人極其信賴透過影片來追蹤記錄成果。例如，職業美式足球教練強恩．格魯登擁有大量賽事影片，即使中間有十年時間不當教練，跑去當球評，他還是保存許多影像資料，包括二十多年前的練習影片。「我就像在做品質管制一樣，看著錄影帶一一檢視練習或比賽的細節。」格魯登曾經對記者這樣說。

這種監控的部分好處，在於它迫使我們提升覺察程度。在追蹤自己的表現時，我們更聚焦於如何改進，而在許多領域中，人們很多時候幾乎都不關注自己的表現。

開車就是個好例子。很少有人會努力改進自己的駕駛技術——事實上，大多數人的停車技術還是和剛拿到駕照時一樣糟，或是轉彎時煞車依舊踩得太用力。我還看過有人直行了好幾公里，方向燈還在閃。

在公開場合說話也差不多。大部分人經常都需要在一大群同事面前講話，或者必須在老闆或客戶面前做簡報，但我們常常像壞掉的發條玩具一樣，一再重複犯同樣的錯，例如說話速度太快、沒有目光接觸，或者緊張得一直轉動手上的戒指。

我們很容易忘記，自己多少有點像自動操作裝置。無論是踢美式足球，或是進行腦外科手術，一項任務或工作很容易就會變成不需要動腦筋思考的習慣。這解釋了「監控」這個方法爲何如此有效，因爲它意味著我們離開自動模式，問自己：我這樣做對嗎？我有沒有犯錯？我能怎麼做得更好？

當我們追蹤記錄自己的表現時，行爲模式也會變得更清楚。在伯恩斯坦的例子中，他發現他的團隊所犯的手術錯誤，有極大比例是可以避免的，例如手術刀受汙染。出乎意料的是，他還發現病人增加，手術錯誤通常會減少，而不是變多。此外他也指出，他的手術團隊增加新成員，出錯率並沒有明顯提升。

誠然，這種密切監控有其缺點。追蹤記錄成果可能會讓人難堪，至少對我來說，我仍然羞於承認，即使已經是個職業作家了，我還是會把 which 和 that 搞混。更糟糕的情況是，伯恩斯坦的團隊曾經在一次手術中讓患者一塊「撲克牌大小」的頭骨掉到地上。「深感羞愧」是伯恩斯坦描述這個經驗時的用語。

然而，這種聚焦式的覺察確實可以提升成效。加強對自身表現的觀察可以讓我們幾乎什麼事都做得更好。例如，多年來大家對最好的減重方式爭論不休，似乎每天都有新的節食法出現，從完全不吃碳水化合物的阿金減肥法，到三餐吃得像三千多年前古人的原始人飲食法，更不用說商店裡那些名字很引人注目的營養補充品了。

不久前，新聞網站 Vox 的記者茱莉亞．貝盧茲打電話給美國備受敬重的二十位飲食專家，想要弄清楚：對減重來說，什麼才是真正有效的？貝盧茲把採訪對象局限在頂尖研究者，也就是那些真正在乎經過研究的可靠證據的人，而她的問題是：「你那些成功減重且不復胖的患者有什麼共同點？大家是什麼地方做錯了？」

那麼，專家極度推薦的做法是什麼呢？出乎意料的是，既非特定一種減重法，也不是在健身房做三個小時的運動，貝盧茲發現，有效減重且長期不復胖的，反而是那些「善於追蹤記錄自己吃了多少、體重多重」的人。

換句話說，成功減重且不復胖的人會持續監控自己的體重。他們每週至少量一次體重，並且密切注意每次進食攝入的卡路里數。渥太華大學的尤尼．弗里德霍夫博士推薦使用食物日記，也就是記下每天吃進嘴裡的每一樣東西。他告訴貝盧茲：「食物日記枯燥無趣，但開始節食減重前，你必須知道自己的現狀，才曉得你應該改變什麼。」

就這一點而言，學習也一樣。弗里德霍夫的建議不僅適用於減重，也適用於發展專長：想要培養任何一種技能，你必須知道自己知道些什麼，以及你需要做出哪些改變。

其實，還有一種比監控更有效的回饋形式，通常需要某種外部評鑑，某種外來的評論。實際上，讓我的籃球技能有所提升的，正是這種**外部回饋意見**。

在我接受山繆斯的訓練初期，這個事實非常明顯。山繆斯就像個預言家，能看到我看不見的東西，而在很多方面，我都意識不到自己的缺點。

以跳投時要面對籃框擺好姿勢爲例，提到籃球，這個概念有權威地位，是投籃聖經的第一誡。我在上籃球課之前，就已經聽過這個概念很多次了。

然而，我還是會無意識地斜對籃框投球，把身體扭得像個初學芭蕾的青少女。山繆斯在我第一次練習時便指出這個問題，我很快就改變自己的站位。我又花了幾個禮拜才讓這個調整固定下來，但這樣的改變讓我的投籃命中率大大提升。

這類回饋的價值不僅限於籃球，而很大一部分原因在於我們很難發現自己的錯誤。即使自我監控，我們也無法發現自己所有的錯。這是學習的本質、知識的本質，再次提醒了教育者的價值：我們需要外人提供針對性的評論，提供外部意見。

以我寫這本書爲例。把草稿交給編輯時，我已經讀過無數遍，每個句子都像十七世紀的修道士那樣專心致志地檢查過了。打字錯誤？我覺得不可能有。邏輯漏洞？我認爲我已經全部處理好了。

但是，我的編輯瑪莉莎．維吉蘭特還是發現許多瑕疵——明顯的錯誤、缺乏說服力的論據、不穩固的結構等。在我交稿之前，維吉蘭特就告訴過我，幾乎每個作家都會出現這種狀況，無論這個作家是大名鼎鼎或籍籍無名、初出茅廬或經驗老到。「這正是你不可能編輯自身作品的原因，無論你多聰明、多老練。」維吉蘭特告訴我，「我是你的第二讀者。」

這個觀點也解釋了爲什麼外部評論往往有點傷自尊，畢竟聽別人說我們某件事做錯了會很難受，尤其當你知道你可以做得更好時。說得更確切一點，看見維吉蘭特的編輯、修訂，我常常覺得很痛苦，因爲那些修訂正中要害。

意見回饋無疑有其問題，例如可能會太「超過」，而好的回饋意見不會告訴你究竟該做些什麼。你還是必須製造自己的學習內容，而一般來說，有幫助的回饋意見提供的是引導，讓我們指揮自己的發展方向。

比方說，假設你以爲西班牙語的「公雞」是pollo。不好的回饋意見是直接告訴你答案（「你弄錯了，正確答案是gallo」），或者也許根本沒提供任何回饋（「請回答下一題」）。

最好的回饋意見是把觀察所得和一個有結構的方法結合在一起，以產出正確結果。比方說，在上述例子中，最有效的回饋是：先指出答案錯了，然後給一些小提示（「正確答案的首字母是g」）；如果還是答不出來，也許再給個提示（「想一下，前兩個字母是ga」），直到正確答案出現（gallo）。

在學習過程的早期階段，這種**結構化的回饋**很重要，經過深思熟慮的評論和引導對初學者會有極大的影響。但隨著時間過去，意見回饋應該慢慢淡出，人們應該更努力去產出自己的答案，去投入更多心智活動，去創造理解。「單純重現一個事實或概念，無論這是不是某人犯了一個錯之後你提供的回饋意見，都遠遠不如讓對方自己『產出』資訊來得有效。」心理學家鮑勃·比約克告訴我。

回饋意見的作用也說明了學校課程爲何如此重要，課本、習作及其他形式的練習對學習有很大的影響。我在一項與同事合作進行的研究中發現，高品質課程產生的效果幾乎與高品質指導者相同，儘管高品質課程通常比較便宜。

換言之，如果你是學生，你的老師很糟糕，上的課程也很糟，那你最好爭取換一套比較好的課程。效果差不多，但代價較低——而且老實說，換新課本往往比找到新老師容易多了。

那麼，劣質課程到底是什麼樣子？首先，它提供的回饋很糟，課本和習作通常直接給出答案，而不會促使學生建立自己的思考模式。再者，不好的課本往往很膚淺，粗略介紹許多不同的主題，以致學生無法在某個領域延伸練習。

儘管有證據顯示回饋意見非常重要，人們通常還是必須自己做出這個結論。我們必須去發掘自己對外部建議的渴望。身兼醫生與《紐約客》雜誌主筆的阿圖·葛文德曾經請一名教練來幫助他提升外科手術技能，但一開始很困難。醫生和神父一樣，通常是在一道無可非難的門後面工作，所以葛文德覺得很尷尬，因爲幾乎有十年沒人在手術室裡看著他工作了。「我幹麼讓別人來監督我、挑我的毛病？」他自問道。

然而，即使一個像葛文德這樣已經到達自己職涯巔峰的人，意見回饋的效果依然很顯著，他因而對自己的工作內容有了深刻的理解，發展出新的技能與方法。隨著時間過去，葛文德也爲其他醫生提供了更好的支援，在幫助他的住院醫師之前，會先讓他們掌握關鍵概念。但最重要的也許是，「我知道我是在重新學習。」葛文德如此寫道。

讓人學會思考的方法才是有效回饋

提到意見回饋與學習過程，還有一件重要的事：大家都需要解釋。爲了學習，我們必須了解自己爲什麼錯了，並且針對自己的思考過程取得回饋意見。提到培養專業知識或技能時，這一點至關重要，因爲我們學習技能和理解知識的目的，就是希望擁有想通某個狀況的新方法。

爲了解決這個問題，一些教育者推出名爲「認知學徒制」的課程，我去找過心理學家蓋瑞．克萊恩，希望深入了解。在心理學領域，克萊恩可謂大名鼎鼎。他研究人們基於直覺做出的決定，其研究結論顛覆了人們對情緒在專長發展中的作用的理解。麥爾坎．葛拉威爾的著作《決斷2秒間》在很大程度上就是基於克萊恩的研究成果。

克萊恩研發了一套軟體，叫「與假想對手練拳」，運用的是一種認知學徒制的學習法。一天下午，我觀看了一支取自訓練課程的影片，影片一開始就是從YouTube截取來的片段，畫面上有個警察正走向一名年輕的滑板好手。

「把滑板給我。」員警說道。

影片的場景是波士頓郊區的一個小鎮。那名員警身材矮小，胸部寬闊得像個美式足球前鋒；年輕的滑板好手大概十六、七歲，個子比那個警察高，但瘦多了。他緊緊抓住自己的滑板，像個四歲孩子抓著自己心愛的玩具一樣不肯放手。

「我是合法的美國公民。」年輕的滑板好手說道。

「把滑板給我，現在。」

「可以給我一個理由嗎？麻煩你。」

「因爲我已經警告過你了。」員警邊說邊靠近那個年輕人，「把滑板給我！現在！」

我點擊滑鼠，讓影片暫停，電腦螢幕上的兩個人定格在幾乎鼻子碰鼻子的狀態。

當時，我和克萊恩坐在他家的客廳裡。我們面前的蘋果電腦有個大螢幕，克萊恩調大了音量，我們感覺好像在看一段用手機錄下來、很快就會在網路上瘋傳的影片。

根據訓練課程的要求，每次員警讓情況升溫——和降溫——時，我都應該記下來，並提供一個詳細原因。所以，我暫停了影片，在螢幕上的空白框裡輸入幾句話，說明我爲什麼認爲這是員警緩和緊張狀況的好時機。

克萊恩認爲這是整個課程最重要的一部分；具體來說，這是一個讓我深刻了解自己的推理過程，並將我的思考方式與專家的思考方式相比的方法。讓我看影片之前，克萊恩已經請一組執法專家看過那段 YouTube 短片，並針對他們可能會如何處理這個狀況提供建議。然後，克萊恩和他的團隊匯編出專家的思考方式，這樣我就可以把我的推理過程與執法專家的推理過程相對照。

影片繼續播放，我又記下幾個情況升溫和降溫的時刻。最後，螢幕上彈出一個對話框：「請諮詢專家。」

不出所料，我沒有通過評量。我只辨識出一個關鍵時刻；更糟的是，專家標示的幾件事，我根本沒有發現。例如，警務專家注意到那名員警把手放在年輕人的滑板上，但那個動作遠遠超出我的知識範圍。此外，我也不覺得員警指著滑板好手這件事有什麼重要的，但專家認爲，用手指人是不必要的挑釁。

不過，我的目的在此：取得針對回饋意見的回饋意見。克萊恩像指導者一樣在旁邊講述整個過程，解釋我爲什麼誤判了某些情形、我的邏輯哪裡有漏洞，以及爲什麼專家可以發現說服年輕人自願交出滑板的辦法。

教育專家約翰．哈蒂花了許多時間研究回饋意見的價値，他認爲這是學習最重要的面向之一。每天晚上，當他的兒子放學回家之後，他都會在晚餐時間纏著他們問：「你們今天得到什麼跟自己的學習有關的回饋意見？」

哈蒂認爲，有效的回饋不是只關乎獲得有糾正作用的資訊，雖然那肯定大有幫助。他和其他專家都認爲，當回饋意見提供某人新的推理方式，當它改變一個人對某個主題的思考方式時，才是最有效的。如同他在書中所言：「可以解決錯誤詮釋的回饋意見是最強大的。」

這個論點認爲，扎實的回饋意見就像一種地圖，幫助人們看見自己該如何理解得更多。在《可見的學習》一書中，哈蒂詳細敘述了這個觀點，認爲好的回饋意見總是可以讓人們意識到，自己在學習方面接下來會往哪裡走。

這一切將我們帶回認知學徒制，因爲其課程強調了這種比較動態的學習法。這在克萊恩研發的軟體「與假想對手練拳」中可以看得很清楚。在與克萊恩一起進行警察訓練課程時，我慢慢明白執法專家面對那種狀況是如何推理的。

例如，對執法專家來說，最重要的是警察與小鎮居民之間的信任——或缺乏信任。所以，他們認爲影片中的員警應該採取行動讓情況降溫，例如向後退一點，給那個年輕人更多個人空間。

克萊恩把這類推理方式的轉變稱爲一種心態上的改變，但總的來說，大致是相同的概念。最終，我們學會改變自己的思考方式，學會如何更有效地推理，至少在警察這個例子中，你想要知道假如希望他人信任你，用手指著對方爲什麼是個很不好的習慣。

沒有不費力的學習這種事

✔學習的舒適區必須一直變動

若提升技能始於回饋意見，那我們必定會掙扎。畢竟，意見回饋關乎找出你做錯的地方。無可否認地，這不是個受歡迎的觀點，幾乎每個人都嚮往完全不困難的改善方式。我們希望學習很簡單、容易理解，就像吃麥片或丟垃圾。這種渴望在幾乎每個學習主題中都很明顯，無論是汽車工程，還是電腦製圖。

最近，有一款叫「神龍之盒」的手機應用程式受到媒體強烈關注，據說它可以透過讓孩子玩代數遊戲「偷偷地教數學」。《今日美國報》稱讚這款應用程式「非常優秀」，《富比士》雜誌說它「令人印象深刻」，已經有數萬人下載了。

然而，作爲一項學習工具，「神龍之盒」似乎沒有教學生那麼多。最近一項研究顯示，玩這款遊戲的人解代數方程式的能力沒怎麼提升。認知科學家羅伯特．哥德斯通檢視了這款應用程式，發現它似乎沒有提供代數基礎訓練，就像它也沒有提供吉他調音基礎教學一樣。

直白地說，根本沒有不費力的學習這種事。想要培養、提升技能，一定會不舒服、繃得很緊，而且常常覺得有點處境艱難，幾乎每個學習科學領域的一流專家都同意這一點。認知心理學家丹尼爾．威林漢寫道，學生經常因爲思考很困難而掙扎；鮑勃．比約克主張，對某項專長的精通是「有益的困境」造就的；練習權威安德斯．艾瑞克森則把練習稱作「苦功」。

連歷史上最有影響力的思想家都認可這一點。柏拉圖的得意門生、亞歷山大大帝的老師亞里斯多德就說過：「學習並不有趣，而是伴隨著痛苦。」

關於學習過程爲何需要這種認知痛苦，我們已經討論過幾個原因。首先，前面提過，學習是一種心智活動；其次，正如心理學家珍妮特．梅特卡夫所言，卓越的學習沒有舒適區；而在這一章，我們已經看過幾種爲了獲得回饋意見而經歷的尷尬情境。

不過，還有一個原因：提升某個領域的專業技能需要「重複」。爲了磨練某項專業技能，我們必須與該領域「交手」多次，而且最好是以多種方式。某種程度上，這在運動領域很明顯。沒有人第一次打網球就可以學會上手發球，也沒有人一個下午就學得會撐竿跳技巧。

不過，這也適用於任何一種知識。心理學家葛拉漢．納托爾多年前就首先倡導這個觀點，他的研究顯示，想要真正學會一個概念，至少必須與之接觸三次。

無論學的是什麼——數學、地理或冷僻的市政學——都需要接觸學習內容幾次，才能得到任何重點。「如果資訊不完整，或者沒有在三個不同的場合體會到，那麼學生就學不會某個概念。」納托爾主張。

然而，三次可能也不夠；事實上，三次也許是最低要求，在許多情況下，我們都必須一再重複某項知識或技能，讓它變成一種習慣。外語是理解這個概念的好例子：想要精通俄語，你必須擁有極度熟練、可以流暢運用的豐富俄語詞彙。如果你在莫斯科一家咖啡館想要說「請給我一杯咖啡」，那麼，俄語的「咖啡」這個字「кофе」必須毫不猶豫地跳進你的腦海裡。

這一點對幾乎任何一種複雜的專業都適用。爲了提升能力，必須嫻熟基本知識。想成爲一名律師，你不能不知道「原告」是什麼意思；政治學家不會花時間思考法案和法律之間的區別；專業電影導演不必查字典就知道「蒙太奇」是什麼意思。

事實上，如果想磨練高爾夫球技，那麼推桿幾萬次是必要的。想成爲探戈專家？請做好連續幾年每天都穿上舞鞋的準備。想提高俄語水準？那就反覆練習你的俄語詞彙，並且像艾瑞克森說的，要「主動尋找新的字」。

艾瑞克森強調，這種爲了到達流暢程度而做的練習並非無須動腦。我們必須不斷地試圖改進；換句話說，學習的舒適區必須一直變動，每次都更難一點，永遠尋求進步，確保每一次的學習都要努力掙扎才能完成。

近年來，研究人員都在討論培養專長的「十年法則」，另外還有人——例如麥爾坎．葛拉威爾——提出以一萬小時爲目標。但說實在的，這沒什麼好驚訝，十年或一萬小時都不是什麼創新的概念，精通某項專業知識或技能本來就需要投入大量時間和心力，甚至早在中世紀時，學徒往往就要爲師傅工作大概十年左右，才有可能離開去獨立創業。

事實上，對專家而言，這個概念不證自明。導演昆汀．塔倫提諾多年來看過的電影多到他的朋友說他已經痴迷了，隨時都在看電影。所以，當一個記者問塔倫提諾是如何成爲電影專家的，他無奈地大笑，似乎被那個問題激怒了，說道：「如果你放棄了生活中所有的東西，只專注於一件事，那你最好把它搞透一點。」

從記憶中提取資訊是極有效的學習方式

讓我們更仔細檢視一種必須費很大力氣的提升方式，專家稱之爲「提取練習」。

班奈特．史瓦茲是美國頂尖的記憶專家，我到他位於佛羅里達國際大學的辦公室拜訪他時，他正站在辦公桌旁。柔和的陽光灑滿整個房間，透過寬大的窗戶可以看見外面那個棕櫚樹成蔭的方形庭院。

穿著短袖襯衫和寬鬆長褲的史瓦茲似乎正在輕聲地自言自語，而且咕噥了很久，看起來就像生活在另一個神祕難懂世界的僧侶。

「嗨！」我試著向他打招呼。

史瓦茲立刻轉過身，順手把書放在一旁。

原來我走進辦公室時，史瓦茲正在磨練他的拼字遊戲技巧。他隔天要參加一個拼字比賽，所以他正在練習一本比賽專用書裡的單字。「比賽的負責人允許我跟高手對戰，」史瓦茲笑著對我說，「我得確保自己拼對這些單字。」

那麼，這位美國頂尖的記憶專家到底是如何提升拼字技巧的？

嗯，史瓦茲採用了一種自我測驗：為了磨練自己的專業技能，他不斷地「質問」自己，看看能否想起各式各樣的單字。例如等紅燈的時候——或是在辦公室等人的時候——他會問自己一些跟他已經學過及想要學的東西有關的問題。

最近的記憶研究相關文獻經常提到這個被稱為提取練習的方法，有些研究顯示其效果比其他學習形式好大約百分之五十。在一項知名研究中，一組受試者閱讀一段文字四次，另一組受試者則只讀一遍，然後練習回想這段文字三遍。幾天後，研究人員追蹤兩組受試者的狀況，發現練習回想文字內容的那一組學到的東西明顯更多；換句話說，試著回憶資訊內容，而不是重複閱讀的人，展現了更高的技能水準。

在學習的科學中，提取練習有時被稱爲「測驗效應」，因爲這個練習就是在問自己剛剛學到的東西。但在許多方面，提取練習比測驗深入，而重要的是，人們在做提取練習時會採取行動去回想自己知道的東西。他們針對自己所知的提出問題，確保那份知識可以被產出。

說得更具體一點，提取練習不同於讓人從幾個答案中做選擇的選擇題，而比較像是在腦中寫一篇三句話的短文：**回想整個概念，然後用一種有意義的方式總結、概述**。就這一點而言，我們可以把提取練習想成一種心智活動：一種主動創造意義網絡來支撐我們所知事物的方法。正如心理學家鮑勃．比約克告訴我的：「從記憶中提取資訊的行爲，是效力強大的學習活動。」

提取練習的許多好處都來自長期記憶的本質。科普作家瑪莉亞．柯妮可娃在其著作《福爾摩斯思考術》中說，可以把長期記憶想像成一種閣樓，那是儲存記憶的空間。而在這個類比中，特定記憶通常跟一個個裝載回憶的紙箱差不多，彼此之間關連鬆散。

柯妮可娃的觀點著重在那張讓記憶連結在一起的鬆散網絡，而如果一個紙箱——或者說一段記憶——存放太久，就會褪色、逐漸消失。灰塵堆積其上，印象變得模糊，這段記憶最終會變得蒼白、難以辨認，失去意義。

而提取練習可以幫助我們確保自己知道某個記憶紙箱裡裝的是什麼。它迫使我們建立種種關連，從而製造更持久的知識。當我們進入記憶去回想紙箱的內容時，那個記憶會變得更持久、更緊密地融入建立理解的神經連結中。正如史瓦茲所言：「提取練習也提醒我們去掌握事情被存放在記憶的哪一處，也因此，最近練習提取過的知識會更容易取得。」

提取練習的運用範圍遠遠超出記憶種種事實，也可以用來磨練對概念的理解。有一種方法建議人們先製作一堆列出事實的卡片，然後再做第二堆卡片，寫上一些要求，例如「請提出一個實際案例」或「請描繪這個概念」，最後從第一堆和第二堆卡片裡分別挑出一張，執行卡片上的任務。

提取練習也不一定都要寫下來。念大學的時候，我在一門採用某種提取練習的課當過助教，每週都要將一組學生聚集在教室裡一次，然後口頭向他們提出一連串問題。這門課的時間很短，一週只有四十五分鐘，但很容易看出這種自由回憶練習的效果，學生越大程度地提取自己的知識，學到的越多。

史瓦茲一直在自己的心理學課堂上這樣做，迫使學生反覆針對他們知道的東西向自己提問。「比方說，我的學生每週都要接受一次測驗，」史瓦茲告訴我，「但他們不喜歡，抱怨連連，每個禮拜都有人以祖母過世了爲藉口，不參加考試。」不過，這種簡短的測驗確保學生會持續建造自己的記憶箱子，結果他們的期末考成績都變好了。

而史瓦茲在拼字比賽的表現也很不錯。負責人把他分到最高級別，讓他與佛羅里達州幾位頂尖高手對戰。運用提取練習技巧，史瓦茲贏得大約三分之一場次的比賽。他在後來給我的電子郵件中開玩笑地說：「我不是最後一名，所以表現得算不錯。」

大腦有可塑性，會適應環境

我們可以看到在腦中使勁掙扎的好處。事實上，專心致志地努力對付學習內容似乎會促進神經迴路的一種轉變，有助於提升專業知識或技能。

某天下午，我在郊區一家咖啡館跟胡玉正先生碰面時，學到了很多與這個概念有關的東西。胡先生是美國國家衛生研究院的研究員，主要研究大腦可塑性，長期以來都對大腦的發展過程非常著迷。

胡先生來自一個離中越邊界只有幾百公里的中國農村，他是他們村裡少數幾個上大學的人之一，而且考入中國名校——浙江大學。他從大學時期開始研究白質，這種物質就像一種神經傳輸電纜，幫助將訊息傳布到整個大腦。白質讓資訊流動得更有效率，使神經脈衝更容易從一個神經元跳到下一個神經元。以線路來比喻，白質相當於電纜裡的銅絲，是傳導訊息的物質。

在他最初的一項研究中，胡先生和他的幾個同事決定檢視某些類型的練習是否會讓腦中的白質增加，於是比較了兩組年輕的受試者：一組接受了嚴格的數學訓練，另一組沒有。而數據顯示，數學訓練讓大腦的傳輸物質增加了。從核磁共振影像可以看出，學習比較困難、比較專門的數學技巧的人，其大腦的某些白質區——例如胼胝體——比較發達。

胡先生的研究是以一項歷時十年的研究爲基礎，該研究指出，大腦裡固定不變的東西很少。我們的大腦系統不是像一塊堅硬、沒有彈性的金屬，而是可以改變、可以適應環境的，比較像一朵神經雲，而不是神經水泥。比方說，如果你精通空手道，你腦中的白質結構會發生非常明顯的構造上的變化。同樣的改變也會發生在你學習雜耍，或者學習靜心時。

這個概念對於如何提升技能有若干重要含義。比方說，神經系統的固定點比一般以為的少很多。我們的大腦不是從一出生就固定不變，我們的心智能力也不是預先就設定好的。例如，長久以來，人們都相信有所謂的「關鍵期」，認為我們必須在生命中的特定時期學習某些技能。然而，除了幾項有局限性的能力，我們任何時候都可以學習大部分技能。

不過，關於這類研究，其新鮮且真正最重要之處，在於大腦究竟是如何建立新的結構，而看起來，大腦創造出白質是為了努力解決心智上的掙扎。當我們知道的與我們能做到的之間有巨大鴻溝時，大腦會改變其結構來處理這個問題。最近有一群德國研究人員提出了一個理解這種情形為何發生的新方向，他們認為，當「需求」超過大腦的「供給」時，我們就會建立新的神經結構。

胡先生告訴我，他認為大腦會回應學習機會。面對困難，大腦會對這個學習機會做出反應。「你的大腦會優化你執行那項任務的方法。」胡先生解釋道，「如果你經常練習某件事，大腦就會認為『這很重要』，然後你就會發展出一個提升執行成效的策略。」

換句話說，大腦自己似乎了解掙扎的價值，了解把學習視為心智活動的價值。在與胡先生碰面的那天傍晚，我終於有自信問問他的右手怎麼了。

說實話，你很難忽略他右手的畸形：他有兩根手指是連在一起的。胡先生告訴我，這天生就有，他也不知道這個缺陷有沒有個名字或原因。當我試圖說服他聊聊這件事情時，他聳聳肩，嘆了口氣，說他幾乎沒想過這個問題。

胡先生的不在乎是有道理的。這個缺陷並沒有影響他工作、開車，或是陪兒子玩的能力。但我還得出一個稍微不一樣的重點：胡先生的大腦似乎已經適應了。白質已經被創造出來，難事已經被克服。面對一個困難的障礙，他的大腦已經自我優化了。

這種神經系統的優化，對於努力掙扎以習得一項技能的基礎或一點專業知識的另一個面向也至關重要，那個面向就是：錯誤。

隨機測驗9

教別人是一種有效的學習方式。是或否？

正視錯誤，因為它是學習的機會

藉由錯誤增進理解

學習領域的研究人員並不總是相信錯誤的力量。掙扎並不總是學習過程的一部分，在比較被動、比較行爲學家的學習模型中，錯誤就是，錯誤。錯誤顯示出人們學得不對，是某人做錯某件事的跡象。

但現在很清楚的是，理解並非永遠不變地從一個人的腦子轉移到另一個人的腦子。我們的大腦不是一個單純的存放裝置、一個帶鎖的箱子，或是某種記憶倉庫；相反地，我們必須去理解概念、去與專業知識或技能搏鬥，而這意味著錯誤不可避免。

這個概念在提取練習中非常明顯。如果你經常問自己問題，一定有些是答不出來的。例如班奈特．史瓦茲在爲拼字比賽練習時，就常常拼錯單字。

同樣重要的是，錯誤創造了意義。**錯誤可以增進理解**。

例如，想想下面這個問題：澳洲的首都是哪裡？

除非你來自澳洲，否則你可能會先猜雪梨。不過，這個答案是錯的。再猜一次。也許是墨爾本？還是不對。

那是不是布里斯本？伯斯？阿德雷德？這些答案也都不對。

正確答案是坎培拉。

我知道，很奇怪。如果你不是澳洲人，坎培拉這個答案可能讓人有點吃驚。你大概會有這種反應：等等，什麼？眞的嗎？坎培拉是澳洲首都？

但是，這種感覺——這種興致勃發的時刻——就是學習。這是理解出現改變的信號。犯了一個錯時，我們會尋找意義，於是就能更有效地學習。這個概念來自我們之前討論過的把記憶當作一堆箱子。如果犯了一個錯，而且是明顯的錯誤，我們就用紅色麥克筆在大腦閣樓的記憶箱子上畫一個「X」。我們在腦中告訴自己：記住這個概念，這很重要。

當然，這裡有個無可否認的問題：沒人喜歡錯誤。錯誤很苦澀，讓人覺得痛苦、丟臉和沮喪。即使是最小的差錯，例如拼錯字、差事沒辦好，都可能在心頭縈繞多年。在這個意義上，錯誤讓我們重新思考自己是誰，是對我們的存在的一種威脅。

不久前，我遇見數學家喬丹．艾倫伯格。據說他是個少年天才，至少根據報紙刊登的傳奇故事，艾倫伯格三歲就認識路標，七歲就會做高中的數學題，十二歲時參加學術水準測驗考試，數學拿到滿分八百分，被《華盛頓郵報》稱爲「眞正的天才」。現在，艾倫伯格是威斯康辛大學的數學教授，發表過許多廣受好評的論文和著作。

到目前爲止，本書都沒怎麼提到天賦，原因很簡單：天賦在學習中扮演的角色被誇大了，部分是不實宣傳，部分是藉口。我們太常將天資與其他重要的事混爲一談，例如努力與專心致志、練習與學習策略。我們如同幼兒般，以過分簡化的方式尋求對成功的單一解釋，於是抓住原始能力的概念不放。

此外，我們忘了學習本身形塑了智力。這兩項因素緊密相連。過去幾十年裡，智商分數不斷上升，許多專家相信這是學校教育帶來的結果。經濟學家盧德格爾．沃斯曼對我說：「我始終認爲，智力測驗是將天生的能力與學習結合在一起的手段。」

最後，有越來越多研究指出，我們如何學習可能比聰明更重要。本書已經提過這個概念，扎實的學習方法已被證明是學業上的成功最好的預測指標之一，後設認知等能力與天生的智力同樣重要。

當然也有喬丹．艾倫伯格這種特例，這種人明顯天賦異稟，是智力常態分布曲線上的離群值。但是，有一點要注意：即使天才也必須使勁掙扎。爲了提升技能，他們會花費許多時間犯錯，迷惘又困惑。

艾倫伯格小時候根本不覺得學習有這麼冷酷無情的一面，他認爲犯錯說明此人智力不夠高。「努力」這個詞對他而言即使算不上詆毀，也很傷人了。就像天生紅髮或矮個子，天賦也是天生的，你要麼有，要麼沒有，而總的來說，艾倫伯格對於被稱爲「天才」還挺享受的。在他看來，天賦是與生俱來的才能，是他的特殊能力，可以讓學習幾乎毫不費力。

而當我和艾倫伯格一起坐在一家咖啡館裡，我明顯可以感覺到，他現在對於培養一項技能這件事的本質有了截然不同的看法。在數學的最高層級工作多年以後，他領悟到學習需要錯誤，錯誤對培養專業知識或技能來說是必要的，令人疑惑的錯誤永遠存在。「你對失敗必須有驚人的容忍度，」他告訴我，「因爲你會有百分之九十五的時間完全困惑不解。」

我很高興聽到艾倫伯格對「精通」的本質提出這樣的論點。他可能是我親眼見過最聰明的人，但最終，我們都必須了解錯誤會發生，時．時．刻．刻。無論是不是在學習，人都會犯錯。即使是最好的學習者——以及像艾倫伯格這樣的天才數學家——都會犯各種大大小小的錯。

但不僅如此，錯誤還是思維的核心，是發展任何一種概念的核心。想要學習，想要提升任何一種專業知識或技能，一定會犯錯，因爲這是理解所需。在其著作《犯錯的價值》一書中，凱薩琳．舒茲主張禁止犯錯如同禁止懷疑，會剝奪我們深入推理的機會。她認爲錯誤是積極思考一定會有的一部分；犯錯，是人性的核心。

✔情緒韌性有助於面對學習過程中的挫折

既然錯誤——和掙扎——是學習不可避免的一部分，我們必須有所準備。雖然這個觀點對學習而言很新鮮，但在運動領域，幾百年來它一直處於核心地位，幾乎每個教練——從菜鳥到老鳥——對於堅持不懈的價值、對於心理韌性的必要，都能滔滔不絕地講到聲音沙啞。

美式足球教練吉姆·哈博就以這種咆哮式演說出名，美國大學女籃傳奇教練帕特·施蜜特也是。這些激勵人心的演講通常都瞄準同樣的主題。在擠滿球員的更衣室裡，教練會以沙啞的嗓音大聲問道：「你們會全力以赴嗎？你們會保持堅強嗎？你們能不能從失敗中、從困難中、從無可避免的錯誤中重新振作起來？」

赫伯·布魯克斯教練一九八〇年那場更衣室演講也許是最知名的。當時，美國男子冰球奧運代表隊是由一群大學生組成，大多數成員都不到二十歲；相較之下，蘇聯隊卻有好幾位主宰這項運動多年的超級巨星。

比賽之前，布魯克斯把隊員聚集起來，向他們強調一種情緒韌性的重要。他承認，蘇聯人也許會得分，蘇聯隊也許是更好的隊伍，但他要求那些美國小夥子相信自己。「你們注定此刻要在這裡，」布魯克斯告訴他的球員，「你們注定此刻要打這場比賽。」

那些年輕人無疑受到了激勵。儘管蘇聯隊在開賽不久便擊球入網，但美國隊絕地反擊，最終以四比三擊敗了實力強大的蘇聯隊。這件事被稱爲「冰上奇蹟」。

儘管心理韌性造就了許多運動場上的勝利，但這個概念最近才在學習領域產生影響。在許多方面，它都可以追溯到一項研究：棉花糖實驗。很多人都對沃爾特·米歇爾這項巧妙的實驗耳熟能詳，這項研究於一九六八年開始進行，堪稱二十世紀最有名的實驗之一。

如同大多數的傑出實驗，這項研究本身非常簡單：米歇爾請一名幼童進入一個房間，那個孩子可以選擇立刻吃掉桌上那顆棉花糖，或者等待一段時間，最後得到兩顆棉花糖。許多人都很熟悉實驗結果：有些孩子一口吃掉甜甜的棉花糖，沒有延遲享樂；有些孩子則能等到約定時間結束，夠有耐心、夠自制，最終獲得第二份獎勵。

這種對抗短期決定的韌性，會造成一輩子的影響：米歇爾發現，那些有能力處理自身欲望和情緒的四歲孩子，在任何方面都獲得回報；事實上，可以忍著不去抓棉花糖的孩子，後來在學業上表現得比較好、比較有自信，也比較能輕鬆應對充滿壓力的時刻。

儘管米歇爾的實驗在學術界引發許多相關研究，對改變社會運行模式卻沒有什麼影響，尤其是在面對錯誤方面。許多學校繼續保護孩子，不讓他們遭受一點點失敗的打擊；直升機父母對孩子的任何行爲都大加讚揚，連從滑梯上溜下來這種不值一提的小事也要稱讚「太棒了」。

雖然有關毅力的科學研究剛開始不久，但人們顯然需要方法來應對錯誤與挫折、失敗與失望的情緒面。我們需要一種韌性。就這一點而言，**學習過程往往是情緒控制的過程**。

這個做法通常從「知道」開始。耶魯大學教授馬克・布拉克特認爲，如果辨識出自己的感受，人會更有韌性。無論是跟朋友激烈爭論，或者只是想要一顆棉花糖，布拉克特都建議要爲自己的情緒貼標籤。所以，我們應該告訴自己「我哥們兒讓我很生氣」或「我眞的很想要那顆棉花糖」。

一旦知道自己的情緒，我們就可以採取行動來管理情緒；爲某個感受貼上標籤之後，就可以開始仔細把它想清楚。這種情緒因應通常需要一種**信心喊話**——在遭遇失敗或困境之後，我們必須對自己說說話，給自己支持。

最近的一些研究解釋了這個過程，發現如果我們對自己說話時帶點權威感，會更有幫助。比方說，如果想吃掉那顆棉花糖，應該告訴自己：「你也許現在就想要那一顆棉花糖，但兩顆棉花糖會更好。」事實上，研究顯示在自我對話中使用第二人稱的「你」，比用第一人稱的「我」有效。因爲第二人稱比較有權威性，所以人們更有可能聽從自己腦袋裡的聲音。

社群也扮演重要角色。福坦莫大學心理學教授約書亞．布朗研究社會與情緒專案多年，他認爲，很多情緒韌性可歸結爲一種社會連結感，一種覺得屬於某一團體的感受。例如，在米歇爾那項開創性的研究中，孩子們難以抵抗棉花糖誘惑的原因之一，在於他們是獨自一人待在那個房間裡，沒有朋友、沒有任何人給他們支持。

米歇爾認爲這是思想的轉變。爲了提升情緒管理能力、變得更有韌性，人們應該**以不同的角度重新看待困難的活動**。比方說，如果想要減重，那麼根據米歇爾的說法，應該把棉花糖視爲「毒藥」，而不是「享受」，因爲這讓棉花糖看起來吸引力大大降低。

米歇爾還提倡一種「如果……那麼……」的思考方法。比方說，不要想著「也許我等一下再讀書」，而是應該想：「如果我現在讀書，那麼等一下就可以出去玩了。」米歇爾認爲，清楚的規則讓人更容易管理自己的情緒，因爲需要管理的情緒比較少。不要去感覺，甚至思考，而是依靠一種習慣，這樣花費的情緒能量較少。如同米歇爾主張的，目標是讓「必須努力控制的變得不費力」。

討論了這麼多處理情緒的方法，我們還沒有眞正討論學習過程的這個階段一個極爲重要的基本問題：我們眞的相信挫折對我們有好處嗎？

回想一下你最近一次在某件事情上失敗的經歷——也許是在提交給老闆的備忘錄中犯了錯，或者對朋友說了一些蠢話。

隨機測驗10

一組學生希望改進自己的長除法技巧，下面哪一種是練習長除法最好的方式？

A. 一次練習做很多除法習題。

B. 反覆練習做同一道除法習題。

C. 做一些除法題目，再做一些乘法題，接著做幾題加法，然後再回去練習除法。

D. 不必反覆練習除法題目，只要學習較深入的基本概念即可。

犯錯以後，你是心想「很好，讓我想想該怎麼改進」，或是「該死，這種事我永遠做不好」？

心理學家卡蘿．杜維克研究這些不同的回應已經很多年了。在一系列研究中，杜維克指出，我們有些人私底下是本質論者，隸屬「先天稟賦陣營」，相信天生的素質——生理、基因、DNA等——是成功的決定因素。所以，一個人不是聰明就是笨，不是強大就是弱小，不是善良就是邪惡，那麼遭遇失敗時，這些人就會想：「該死，這種事我永遠做不好！」

相反地，杜維克指出有另外一類人，姑且稱之爲「培育論者」，他們認爲任何技能——衝浪或數學——都是可以培養、可以磨練出來的。透過練習和提升，任何事都可以達成。當然，這些人很樂觀，但更重要的是，他們認爲這個世界是一個人們可以在其中成長和改變的地方。簡單來說，這個改進陣營的人相信進步，當培育論者遭遇失敗時，他們會想：「很好，讓我想想該怎麼改進。」

杜維克的研究已經存在一段時間了，而且也許跟米歇爾的研究一樣受歡迎。最近的研究顯示，她的這些觀點對人們面對學習的態度有巨大影響，尤其是需要挑戰的任何一種學習。

例如，改進陣營的人比較有可能主動從事心智活動，研究顯示他們更有可能進行自我測驗。改進陣營的父母也一樣：他們會花比較多時間跟孩子一起做功課。某種程度上，改進陣營的人比較可能相信「努力」的好處。

我最近去採訪杜維克時，她提到，我們對錯誤的態度往往極具社會性，老師、領導人或父母的幾句話就足以讓我們離開先天稟賦陣營，轉投入改進陣營。

事實上，在早期的一項研究中，有些研究人員用「你眞聰明」來稱讚孩子的表現，另外一些研究人員則稱讚孩子付出的心力：「你眞努力。」即使這樣的細微差別，都足以造成影響。

而最近杜維克發現，談到先天稟賦陣營和改進陣營這兩種態度時，行爲的影響比言語深遠得多。例如，她和一名同事證實，父母的信念不一定會傳遞給孩子。說得更具體一點，如果父母讚揚孩子的努力，並不一定足以促使孩子形成改進陣營的態度。

比較重要的是孩子遭遇失敗時父母的眞實反應。父母是像先天稟賦陣營的人那樣，將失敗

隨機測驗11

想要從一段文字中學到東西，最好的方法是什麼？

A. 反覆閱讀那段文字。

B. 閱讀的時候，向自己解釋關鍵概念。

C. 畫線強調關鍵概念。

D. 用螢光筆畫重點。

視爲缺乏某種能力嗎？或者，他們是像改進陣營的人那樣，把錯誤當成學習的機會？如果父母採取第二種態度，孩子更有可能進入改進陣營；換句話說，假如父母主動指出失敗提供了成長的機會，孩子更有可能也相信這個觀點。

對個人而言，這樣的態度也可以用來設計自我對話。杜維克建議要改變你的內在對話，**告訴自己不要擔心犯錯，要把焦點放在改進上，把錯誤當成習得一點知識或技能的機會**。比方說，犯錯之後，就問問自己：「我能從這個錯誤中學到什麼？我可以怎麼改進？」

對其他專家，例如安琪拉．達克沃斯來說，解決辦法很相似，但也略有不同。達克沃斯是賓州大學的心理學教授，她建議在學習一項技能時，要「制約」自己去期待困難。所以，如果犯了錯或陷入掙扎之中，就像達克沃斯那樣，在心裡對自己說：「這很正常。」

就這一點而言，祥恩．貝洛克的做法更進一步，強調要做得更多來逼迫自己，要**確保讓自己處於更多可能會犯錯的情境**。「不要顯得無能爲力。」貝洛克說。如果害怕在公開場合說話，就要在大家面前多說；數學不好，就試著做更多數學題，即使只是練習計算吃飯花了多少錢。

這不是說人們不假思索地稱讚練習或努力有什麼不妥。錯誤並非本來就是好的，韌性也是，杜維克認爲，**在稱讚他人時，應該特別將讚美和結果連結在一起**。所以，請告訴別人：「你有沒有看見你的練習帶來什麼回報？」或「你努力做那件事眞棒！你看你的進步有多大！」

如此看來，最重要的也許是建立對「提升」的信念。想要從錯誤中學習，想要以聚焦的方式提升，就必須全然接受改進陣營的思維。正如帶領美國冰球代表隊在奧運擊敗蘇聯隊的赫伯．布魯克斯教練斯所言：「那些相信勝利並爲了那一刻準備的人才會成功。很多人都想獲勝，但有多少人眞正爲之準備了？結果當然大不相同。」

學習的關注點要放在精通技能，而非追求表現

提到籃球，我私底下一直是相信天賦的。儘管知道那些更衣室的激勵演說，儘管在教育領域工作多年，我在打籃球時還是經常出現先天稟賦論的態度，那種想法會一直縈繞在我的腦海中。

如果近距離跳投不進，我就會想，*我從來不是個好射手*。如果要罰球了，我就會想，*我會投出籃外空心球嗎？*參加隨機組隊的比賽時也是這樣，一有人帶球過我，我腦中就會掠過一個想法：*老是這麼慢！*

和許多信念一樣，這些態度都有一段苦澀的歷史，可以追溯到一九九一年十二月。當時我是一名高中新生，骨瘦如柴，勉強有一百八十三公分高，加入了籃球校隊，主要作用是在板凳席上充數。

那時，我們球隊的對手是普萊森維爾隊，他們有個強力中鋒，叫奧提斯．希爾。他身高兩

百零三公分，體重約九十公斤，後來帶領雪城大學籃球隊獲得美國大學籃球賽冠軍，目前在波蘭打職業籃球。

以我們高中時的籃球水準來看，希爾簡直就是麥可．喬丹第二。他不用助跑都可以灌籃，跨一步就能把球塞進籃框；相較之下，我們的隊員即使是高三生，也只能勉強摸到籃框，我當然更不行。

然後，就是那場週五晚上的比賽了。我們客場迎戰普萊森維爾隊，體育館裡坐滿他們的球迷，手上都拿著鼓、牛鈴、汽笛喇叭。開賽沒幾分鐘，我們的後衛葛瑞格．康威就跳出來連連開火。三分球、行進間跳投、轉身過人，最終幾乎拿下四十分。

與此同時，我們的防守看死了希爾，讓這個明星中鋒備感挫折，中場休息時差點動手打人。比賽打到第四節時，我們以五十五比五十四的比數領先對手，球迷都火了。我們是一所小高中，只是比較走運，他們卻有個眞正有機會打職籃的中鋒。

然後，在比賽還有十二秒就要結束時，我們的教練艾德．桑茲把我換上場。我要說清楚，我整個球季的上場時間可能不到十分鐘。但是，當時我們的一名隊員被罰下場，我就這麼突然地上陣。比賽正在進行，球迷激動的喊聲快把屋頂掀翻了，而我們僅以一分的微弱優勢領先。

幾乎每個孩子都夢想過帶領一支隊伍取得勝利，在那短短的關鍵幾秒，投出一記漂亮的球、踢出重要的一腳、跑過重要的那麼幾步，贏得偉大的勝利。記得當時我站在球場上，緊張得反覆用手指撥弄自己的運動短褲。

桑茲教練叮囑我防守對方的控球後衛。「只要別讓他切入籃下就可以。」桑茲告訴我，「別讓他帶球過你，讓他始終在你前面。」

那個後衛拿到球，球迷的尖叫聲、喊聲、鼓聲充斥整個球場。我幾乎不記得當時到底發生了什麼，但是在罰球圈以外的區域拚搶球時，我緊貼著那個後衛進行防守，想要把球拍掉，伺機抄截；換句話說，我已經把桑茲教練的話拋在腦後了。

那個後衛似乎也看出我的心思，突然帶球越過我上籃，啪地一聲，球進了。普萊森維爾反超一分，五十六比五十五。剩下的幾秒轉瞬即逝，比賽結束，我們輸了。

我記得當時桑茲教練氣極了，甚至拒絕和我握手。多年後，我和桑茲教練共進晚餐時，他對那場比賽的最後時刻還記憶猶新。

「你當時太衝動了，並不專注於目標。」桑茲教練告訴我，「我一直說，拉開一點、拉開一點，但他還是運球過了你，啪地一聲上籃得分。然後哨聲響，比賽結束。」

「我記得輸掉比賽以後，你氣得都不跟我說話。」我說。

「是啊，肯定是的。」桑茲大笑道，「那場比賽本來有可能成爲你整個高中生涯最重要的一次勝利，但你把事情全搞砸了。」

我二十幾歲就不再打籃球倒不是因爲那場比賽，但提到運動時，那個經歷確實把我悄悄推進先天稟賦陣營。它讓我覺得自己沒有運動天賦，速度太慢、協調性太差。它給了我一張標籤、一個框框，讓我將自己的籃球技巧分類爲：把事情全搞砸了。

這裡的重點不是回憶我高中時的某些時刻，我要說的是，標籤是一種先天稟賦論。「把事情全搞砸了」這樣的觀點就是一種先天稟賦陣營的態度，而正如杜維克所言，這種論點是一種「定型」。

另外一個思考這個觀點的角度，就是人們學習的目的各不相同。如果想要精通某一技能，我們學習的目的就是自我提升，希望做得更好，磨練自己的技能。在這種情況下，我們會比較關注自己有沒有改進，而不是把焦點放在標籤上。

或者，我們可能是把焦點放在自己的表現上，所以想要達到某種程度的成就。我們必須向他人證明自己可以做到。當人們真的把焦點放在結果時，總是想要成爲贏家，所以是最終極的先天稟賦論者：他們想要證明自己在基因抽籤賽中獲勝，所以會贏得人生。

當然，這是逐漸演變的。精通技能和追求表現不是非此即彼的二分法，背景、任務、人都會造成差異。問題在於，即使只是往一個比較聚焦於表現的態度靠近幾步都很危險，因爲那會讓任務看起來像是威脅。抱持這種聚焦於表現的態度，如果成功完成任務，則萬事都好，然後我們會覺得自己很聰明、很強壯或很強悍；一旦失敗，就沒有後路了——我們會認爲自己又笨、又弱、又無能。

但更糟的是，把焦點放在表現上會讓我們更容易受到其他危險態度的影響，也更可能被標籤吸引。

以約書亞．亞隆森爲例，他曾經擔心人們會認爲他是心理學校友關係網的一員，因爲他的父親艾略特．亞隆森是全球知名且備受敬重的心理學家，曾先後在哈佛大學和德州大學任教，協助發展出認知失調的概念——這個概念認爲人在從事與自身理念相牴觸的事情時，會覺得不舒服。

因爲有這樣的家世背景，約書亞剛到史丹佛大學就讀心理學研究所時非常緊張。他覺得學校是因爲他父親的名聲才接受他的。入學不久，一名研究生就告訴約書亞：「有你在這裡，我們感到很榮幸。」這讓他既憤怒又恐懼。「那句話就好像是在說：『歡迎來到鎂光燈下。』」約書亞告訴我。

隨著時間過去，約書亞克服了他所謂的「爸爸問題」；換句話說，他變得比較關注精通專業知識或技能，而不是證明自己。但這個經歷影響了他的研究方向。在研究生時期，以及後來到紐約大學任教時，約書亞開始研究人們在學習時運用的種種標籤，而研究結果顯示，名稱往往會影響表現。

說得更確切一點，人往往不會「辜負」給自己的標籤。例如，簡短提醒人們「基督徒通常科學試題都做得不好」，那麼聽到這句話的基督徒在科學試題方面的表現就會比較糟糕；同樣地，女性如果在懸掛著成功女性照片的演講廳演講，表現會比較好。

若是把目標放在表現上，這些標籤的力量會更強大。因爲聚焦於結果，我們會被拖進有害的陳述裡，心想：我總是很差勁。我總是失敗。女人總是搞砸重要的演講。名教授的孩子總是拿到免費入場券。

對任何爲了提升技能而付出的努力來說，這類焦慮的思想都可能是喪鐘。就像一種心智電腦病毒，這些想法會破壞短期記憶。

相較之下，以精通技能爲目標的人比較能夠輕鬆擺脫這類陳述。以改進爲目標，他們就不必向其他人證明自己的技能，因此可以更聚焦在學習任務上。

早在開始上籃球專門訓練課程之前，我就跟約書亞．亞隆森和卡蘿．杜維克這樣的專家聊過了。毫無疑問，他們對學習的觀點影響了我的態度。

比方說，我加入了改進陣營，把更多心力放在投籃的過程。我試著把比賽當作改進的機會，所以跳投不中時，我就問自己：我的雙腳有沒有正對籃框？我眞的有運用雙腿嗎？我有沒有一直注意手部動作？

面對錯誤，我也採取類似的態度。如果有人運球過了我，我會試著把這個錯誤當成一項挑戰：他們是怎麼做到的？下次我該如何阻擋他們運球？

與此同時，我試著讓自己擺脫標籤。我不想被拉入有害陳述中，它們就像先天稟賦論的黑洞。例如，當我投出籃外空心球時，一定會提醒自己，即使是職業選手，有時也會投出碰不到籃框的麵包球。

隨著時間過去，我開始納入其他更好的練習形式。種種學習技巧越來越滲入我的自我提升中，我更努力去監控自己的表現。有時我會在磨練某些投籃技巧時把過程錄下來，這樣我就可以找出更好的方法來提高投籃命中率。我還會看自己在防守時的錄影內容，然後意識到我的重心不夠低，以致沒法迅速移動。

在我家附近的球場練球時，我採用了另外一種監控方式：記錄我從球場某些位置投籃的命中率，這樣我就能更好地追蹤自己的進步狀況。根據記錄，從角落投籃，十次可以進五次；從罰球圈以外的區域，十次可以進六次。

我還從記憶專家和拼字遊戲好手班奈特．史瓦茲那裡學到一個訣竅，把練習拆散，讓它比較像是小測驗，比較像是一種提取練習。所以，我不是每週去一次球場，而是幾乎天天都去球場磨練球技。不管天氣是下雨或嚴寒，不管是否得翻越鎖上的球場圍欄，也不管那是聖誕節隔天，哪怕只是十五分鐘，我都會出門練習。

還有其他的重要策略。爲了讓某些技巧（例如罰球）變成下意識的習慣動作，我會重複練習完全相同的罰球動作：運球兩次，停頓，屈膝，然後高高地拋出一條弧線。

最重要的是，我的目標是聚焦於精通這項技能，聚焦於自己的進步：學習抓到更多籃板球；試著每場比賽必中一球；在底線防守得更好。說得更確切一點，我改善了我的自我對話，如果某天晚上我表現得很糟，我會提醒自己：這只是一場比賽。

最終，所有的努力匯聚在一起，零散的拼圖片構成了一個完整的圖案。我記得一個週三晚上，我投的球開始命中，籃球乾脆俐落掉進籃框的聲音十分悅耳。我從角落命中一個，從罰球圈以外的區域也投中一個。

我的隊友終於注意到這個變化。那天晚上，一個隊友直白地問我：「嘿，兄弟，你一直在練習之類的吧？」

隔天早上，另一個朋友發簡訊給我：「聽說你昨晚就像投球機器一樣。」

我其實沒什麼好說的。我只知道我練習了，我相信了，我的技能提升了。

第 4 章

延伸知識和技能

學習是一種知識的延伸，關乎在某一專業領域中擴展。在學習過程的這個階段，我們必須加深自己的理解。當我們充實一項技能、擴大一個專業領域的適用範圍時，會學得更好。

掌握基礎之後，要延伸運用自己的知識和技能

一九三六年，畫家傑克遜．波洛克報名參加了一個在紐約舉行的繪畫工作坊。波洛克當時二十三歲，長相帥氣，桀驁不馴，自認爲是個拿著畫筆的危險牛仔，會戴著牛仔帽、穿著牛仔靴在曼哈頓的大街小巷遊蕩，喝酒、罵人、打架。

這個工作坊是墨西哥藝術家大衛．阿爾法羅．西凱羅斯主辦的。西凱羅斯是個壁畫家，也是堅定的社會主義者，看起來比波洛克更像叛逆者中的領軍人物。

西凱羅斯舉辦工作坊的目的是幫助波洛克這樣的年輕畫家把顏料當作一種媒介，並嘗試放棄對畫架的依賴。在課堂上，西凱羅斯說畫筆簡直是一根蹩腳的棍子；對於木頭畫框的限制，西凱羅斯更是視若無睹。在他的課堂上，藝術不是美，而是一種眞實體驗。他會穿著噴滿顏料的衣服，一邊在地板上爬行，一邊向學生講解。

西凱羅斯認爲，「畫家應該像工人一樣工作。」在爲期一年的工作坊裡，這位墨西哥藝術家鼓勵波洛克這樣的學生實驗不同的繪畫方式。有時，他鼓勵學生要像孩子一樣，把顏料淋在畫布上，或者直接潑上去。畫布上的沙子、塵土一樣有可能成爲可以利用的材料，從而增加畫作的粗糙質感。西凱羅斯把藝術作品稱爲「受到控制的意外事件」。

就像吵吵鬧鬧的兄弟，波洛克與西凱羅斯也有爭執不下的時候。例如，隔年西凱羅斯要離開紐約之前，他倆在一次聚會上意見不一，以致互相動手掐住了對方的脖子。然而，這個工作坊無疑對波洛克有所影響。波洛克曾經寫道，他以西凱羅斯風格創作的作品都是「大作」。西凱羅斯也很重視波洛克，工作坊結束後不久，他曾寫信給波洛克：「請耐心等待，我們會再次舉辦工作坊。」

據波洛克回憶，西凱羅斯的工作坊確實又再次開班。波洛克在西凱羅斯倡導的滴濺潑灑畫法上有更加大膽的突破。受到此畫風吸引，波洛克悉心鑽研，反覆揣摩在工作坊學到的藝術技巧，創作了一件又一件「滴畫」。有一段時間，他還創作了滴畫風格的餐具，也曾經在畫作角落採用滴畫風格。

波洛克與藝評家克萊門特．格林伯格一起研究其他嘗試滴畫法的畫家，例如珍妮特．索貝爾。後來，他還研究過畢卡索和一些經常潑灑顏料的超現實主義畫家的作品。身為藝術家，波洛克意識到滴畫是一種表達情緒的方式。當《時代》雜誌評論波洛克的作品「混亂無章」時，他寫了一封簡短的信回應：「去你的混亂無章！」

在傳統思維中，波洛克的滴畫完全是神來之筆，是純粹的後現代主義風格。事實上，波洛克也以此成名。《生活》雜誌用橫跨四頁的一幅照片，把波洛克描繪成特立獨行的創作天才，是「美國藝術的耀眼新篇」。雜誌甚至為波洛克拍了一張模仿詹姆斯．狄恩經典形象的照片。照片中，波洛克倚牆而立，嘴裡叼著香菸，儼然藝術世界裡年輕的馬龍．白蘭度。世人都喜歡天才的傳奇故事，波洛克狂熱仍在持續。最近一部傳記直接把波洛克稱為「才華橫溢的天才」，而他近期的一幅作品售價高達一千萬美元，已經接近一支職業球隊的價格了。

但是，這個「叛逆天才波洛克」的傳奇故事卻忽略了一個事實：他依賴的是一套學習方法。他在一個藝術主題上擴展，藉由延伸自己的知識提升一個專業領域，最終達到精通的程度。「波洛克不是唯一一個完全採用滴畫法創作的畫家，」藝評家蘿貝塔．史密斯曾經在《紐約時報》上這樣說，「但是只有波洛克嘗試了所有可能性，執著且有系統地圍繞著這個技巧創作。」

在前一章，我們討論了如何提升技能，也就是如何以非常聚焦的方法練習。但想要成為專家，我們還須擴展所精通的領域。

延伸專業知識或技能讓你加深理解

學習，尤其是更豐富形式的學習，是一種知識的延伸，關乎在某一專業領域中擴展。在學習過程的這個階段，我們必須加深自己的理解。

這是長期記憶的本質，而這個方法的力量來自把學習當作一張道路網的概念。在這個比喻中，當我們延伸一條街道或小巷，然後規畫新的路線和交叉點時，記住的會多很多。用認知科學家的話說，我們是以先前獲得的知識爲基礎，創造更深入、更連結成網路的理解。

以「概述」爲例（概述就是把某個概念用自己的話說出來），學習活動促使我們問自己一系列問題：「什麼是重要的？」「我們如何用別的措辭表述這個概念？」這樣的詢問非常重要，因爲透過概述最有價值的概念，我們延伸了自己對那個特定概念的理解，讓它變得有意義。這種方法非常有效。

我們大多數人都看得出來，這類學習是另一種形式的「把學習視爲心智活動」。例如，你在一本雜誌裡看到一篇文章，然後把那篇文章的論點講給一個朋友聽，這就是一種學習的擴展，而這樣做更有可能讓你從那篇文章中有所收穫。

隨機測驗12

閱讀下一節之前，預測一下它會討論什麼。

A. 性格測驗。
B. 知識的價值。
C. 爵士樂即興重複段落的重要性。
D. 學習風格。

再講個延伸知識的例子。想像你寫了一封電子郵件，詳述你對最近在 Netflix 上看到的一部紀錄片的看法，那麼你就需要回憶並描述該片的概念，並以一種更直接的方式建構意義。研究顯示，這樣做會讓你對這部紀錄片及其主題有更豐富的理解。

在進一步討論之前，我們必須承認：學習者不是專家，不能像專家一樣推動一個領域的進步，也沒辦法開創新的概念或領域。儘管絕大多數人都不會像波洛克那樣開創出新的藝術形式，但是當我們充實一項技能、當我們擴大一個專業領域的適用範圍時，會學得更好。

顯然，波洛克覺得繪畫也是如此。他不斷延伸運用自己所知的一切，即使在他的滴畫時期，他作品的複雜度也一直提高，圍繞這一核心主題不斷擴展。一個叫理查・泰勒的物理學家首先發現了波洛克畫作的這一面。這位澳洲科學家幾年前開始研究波洛克的滴畫，發現其畫作中存在一種碎形幾何，有一組互相交織卻不重複的圖案，很像晶體或雪花。

更令人驚奇的是，泰勒發現隨著時間的推移，波洛克一系列畫作中的不規則碎片形變得越來越密。在波洛克的滴畫時期剛開始時，他作品中的碎片形複雜度很低；但隨著時間過去，他深入挖掘這一技法，碎片形變得更爲深奧繁複，每幅作品的設計都更精巧，達到一種更複雜精密的混亂水準。泰勒曾經對記者說：「這就是藝術理論家所謂的大師之手。」或者說，這才是眞正的專精。

自我解釋技巧和「為什麼」有助於學習

針對擴展某一專業領域這個概念，這裡提供另一個理解的角度：回顧爵士樂專輯《泛藍調》的製作過程。

你一定聽過邁爾士·戴維斯的這張經典作品，它是全美咖啡館的必備曲目，是無數人讀書時的背景音樂，是爵士樂歷史上最暢銷的專輯。

這張專輯有一種非凡的情感能量。樂手彈奏出抑揚頓挫、盪氣迴腸的旋律，如泣如訴的獨奏伴隨著即興重複的鋼琴音符，讓聽者觸景生情、感慨萬千。

然而，《泛藍調調》可不只是一張爵士樂專輯那麼簡單，它是爵士樂歷史上最重要的作品，是音樂學習的頂峰。邁爾士·戴維斯要求錄製這張專輯的一群樂手學習一種全新的音樂演奏方式，在此之前，爵士樂隊都圍繞和弦演奏，這樣獨奏者只能在幾個和聲之內就結束他們的即興重複段落。

但在《泛藍調調》的錄音時段，戴維斯打算教樂隊使用音階——或調式——而這提供了演奏者一個不同的方式來處理旋律。「這個差別看似微小，但影響巨大。」爵士樂評論家佛瑞德·卡普蘭如此寫道。這樣一來，樂手就可以「用幾乎無限多種組合方式連結和弦、音階和旋律了」。

身為即興演出的忠實信徒，戴維斯沒有讓樂手對新的演奏方式做任何準備，沒有安排任何試演或練習，也沒有任何事前會議或排練。一九五九年春天，戴維斯和樂手見面之前，只給了他們幾段很短的旋律，樂譜上也只寫了一句話：「請按照這些音階演奏。」

那些樂手都是專家，戴維斯要他們透過一個即興重複段落學習這種新的演奏方式。他促使他們去擴展、去充實這個演奏方法，以一種非常直接的方式探索並應用這個新技巧。後來，戴維斯在他的傳記中寫道：「當你在創作你自己的東西時，連天空都不會成為限制你的邊界。」

戴維斯這種音樂上的指導卓有成效，那天上午離開錄音室的每一個樂手都很快就開始運用這種調式風格。幾個月後，比爾·艾文斯開始演奏調式爵士，薩克斯風手加農砲艾德利也是。約翰·柯川以調式爵士展開職業生涯，創作了他的暢銷專輯《巨人的腳步》和《至高無上的愛》。

作為一種學習方法，即興演奏重複段落是一種延伸專業技能的方式，有助於提升專業水準，因為這樣做會促使人更深入鑽研這個領域。即興演奏重複段落幫助我們掌握知識的精髓，建立認知連結。此外，即興演奏時你很難消極被動，用戴維斯的話說，這是在「創作你自己的東西」。

從這個角度看，延伸某一領域的知識，非常像有能力解釋該領域知識。研究顯示，學習的時候如果問自己一些解釋性問題，收穫會更多。例如：我能描述這個概念嗎？我能清楚說明這項技能嗎？我能用自己的話說出來嗎？

對自己描述某一概念時，通常會對這個主題有更深入的理解。幾年前，認知心理學家布萊恩．羅斯選修了伊利諾大學的一門電腦科學課。他已經十多年沒上過任何課程，所有跟科技沾邊的知識都忘得差不多了。羅斯的光頭和鬍子讓他在班上格外顯眼，年紀也比其他人大了十歲，他成了同學口中的「那個傢伙」。

為了順利完成課程，羅斯採用了一種被稱為「自我解釋」的技巧。這種技巧就像它的名稱一樣，每次在讀上課用的課本時，他都會對自己描述書中的概念。所以，讀完每一段、每一句，羅斯會問自己：我剛才讀的是什麼？這些內容是如何組合在一起的？我以前有碰過這個概念嗎？遇到不了解的地方，他會上網查。此外，他還嘗試建立關連，看看能否用不同的話或觀念向自己解釋這個概念。「自我解釋的過程往往就是在嘗試建立連結，」羅斯告訴我，「然後我就明白了，原來是這個導致那個，那個又導致那一個。」

課程結束時，羅斯還是沒辦法像其他同學那樣寫出電腦程式，因為他缺乏足夠的背景知識。不過，羅斯可以回答一些其他同學無法回答的問題，而在許多方面，他對這個領域的內在關連有更深入的認識。「我有時具備優勢，」羅斯說，「因為我關注的是宏觀理解。」

另一個延伸知識的方法就是**問「為什麼」**。當你熟知一個主題時，「為什麼」這樣的問題並不難。如果是關於家鄉的問題，你通常可以輕鬆地答出來。若你問我為什麼我的父母決定搬到紐約州的威斯特徹斯特郡，我會解釋說，因為他們想住在一個樹木蔥蘢、街道安靜，又有好學校的區域。

然而，當我們針對某個陌生領域問「爲什麼」時，這個問題就變得比較難了，並提供了一個發展某一概念的途徑。比方說，如果問：「爲什麼會有波浪？」毫無疑問，有些人會給出一個基本答案——至少當五歲孩子提出這個問題時，我們也許會說：「波浪是風造成的。當風吹過水面時，形成的漣漪就是波浪。」

但緊接著會有後續問題：「爲什麼風會吹過水面？」或「爲什麼風吹得動水？」或「爲什麼沒有風的時候也有波浪？」然後我們腦子就一片空白了，至少我是如此。於是，我開始找答案，上網搜尋，讀一些解釋能量如何穿過水的文章，最後，我學到了很多。

同樣重要的是，「爲什麼」的問題幫助我們思考自己的思考過程，促使我們去理解自己知道的事，鼓勵我們更詳細地了解某個主題。尤其在閱讀時，「爲什麼」的問題特別有幫助，如果想要從文字中獲得更多知識，就應該經常問自己這類問題。「爲什麼作者這樣主張？」「我爲什麼要相信作者？」「這爲什麼很重要？」

邁爾士．戴維斯顯然就很喜歡問「爲什麼」。身爲音樂家，他不斷延伸自己所知的一切，多年來至少重塑爵士樂三次。傑克遜．波洛克的繪畫技巧沒有那麼不一樣，但他利用他在西凱羅斯的工作坊學到的東西，創造了自己的「即興重複段落」，他的滴畫作品明顯是他早年所學的延伸；說得更直白一點，波洛克是對自己提出這個問題：爲什麼不能完全用滴和潑的方式來作畫呢？

檢視邏輯問題的推理過程可以幫助我們擴展所學

辯論也是一種擴展所學的方式，是另一種即興重複某個想法、延伸某個概念的方法。

不久前，我觀察了高中生奇奧尼．史考特—里德在一場辯論賽中的開場陳述。史考特—里德是「大規模監控計畫」這個辯題的反方，他站在教室前面連珠炮似地發言，簡直像個家畜市場拍賣員。

史考特—里德以優雅而自信的姿態，指出大規模監控計畫是一種「社會控制」。他引用富蘭克林的話：「壓制一個最先產生的欲望，比滿足接下來出現的那些欲望容易多了。」主張大規模監控計畫是在一條道德的滑坡上運作，很容易一路滑向災難。他手握重點提示卡，滔滔不絕地講了幾分鐘後，用幾句話總結，強調監控最終會導致目無法紀，造成社會秩序惡化。「強勢警政，」他說，「會讓它主張要阻止的犯罪傾向永遠存在。」

就像法庭上的交叉詢問，史考特—里德的對手接二連三對他提出問題，雙方針對司法系統目前是否約束了執法活動進行辯論。在某一刻，史考特—里德突然尖銳地質問對手。「請證明你的觀點，」他大聲說，「拿出你的證據。」

最後，裁判把發言權交給史考特—里德。他的邏輯更加嚴密，提出更恰當的例子。正如裁判指出的那樣，史考特—里德巧妙地質疑了對手虛誇的言辭，這是他作爲辯手一個很大的優點。

裁判對他說：「我知道你喜歡激怒人。」

在許多方面，辯論是另一個擴展所學的例子，一個即興重複某一領域知識的不同方式。當我們列舉證據來支持某個觀點時，就提升了自己對那個領域的知識。辯論的運作方式與即興演奏重複段落相同，它促使人們去充實某個領域的內在連結，藉由督促人們仔細思考某一專業領域，讓人提升專業水準。

不過，辯論也爲我們如何延伸專業知識或技能增加了另一個難題，因爲辯論會強迫我們去推理、去努力解決邏輯問題。認知科學家蘿倫．雷斯尼克指出，這個概念正是學習的核心。她認爲，想要習得專業知識或技能，必須下「解釋」的功夫。

在這個意義上，推理有助於加深理解。人在發展自己的判斷時，就是在建立關連。我們努力理解事情是怎麼組合在一起的，因而提升了自己的知識。這解釋了爲什麼一個小小的困惑可以幫助學習：它讓我們仔細思考一個問題。

有其他研究支持這個方法。例如，讓年輕學生上幾堂推理技巧的課，他們的閱讀和數學成績都會變好。或者，再以史考特—里德爲例，他在參加辯論課程之前，學校成績通常是D或F；一年後，他的成績基本上都是A或B。

當然，問題在於我們的推理通常都很敷衍。心理學家理查．尼茲彼舉了一個絕妙的例子來說明這個觀點——他說，大多數的聘用決定都是僅憑直覺。

尼茲彼指出，經理人通常很重視面試，但針對各個領域——非營利組織、軍隊、學術界等——的研究都顯示，面試對預測一個人的工作表現作用不大；相反地，談到一個人能否做好某一職位的工作，更重要的是相對客觀的「硬數據」，例如推薦人、工作經驗、筆試等。

根據尼茲彼的說法，問題出在面試讓人「感覺對」。對大多數人而言，面試一個人的經驗在情緒感受上很鮮明，是一種強烈的體驗，所以我們聘用與否的判斷標準，是應徵者能否在二十分鐘內表現得有魅力，而不是根據他們的履歷，雖然履歷通常包含好幾年的實際證據。

學習也一樣，沒有說服力的證據占主導地位。我們直覺認爲，四季是地球距離太陽的遠近造成的，但事實並非如此；在外交事務中，我們很容易相信商業利益永遠可以用來解釋經濟政策制定的理由，實則不然。

檢視證據時，我們不一定能得出正確結論，那畢竟是專家的工作。但藉由仔細衡量不同的證據，我們會學到很多。檢視邏輯本身就是一種「掌握」，正如史考特—里德告訴我的：「我學到的是要擴大你的論點的適用範圍。」

學習需要應用

把學習內容變得更具體，就更容易理解

擴大某一專業領域適用範圍的過程，也許是源自最古老的學習形式：模仿。許多動物都是這樣學習技能的。一隻猴子看到另一隻猴子用石頭砸開堅果，也會學著這樣做。

模仿之所以會是個可行的學習方法，在於它很「具體」，沒有模糊或抽象的成分，就是一個簡單的照貓畫虎的過程。這個概念對我們很有幫助。當我們把學習內容變得更具體，就更容易理解；而談到學習過程，我們可以應用已知的知識，以更充分理解自己想要知道的事。

例如多年前，我和一個兒時玩伴一起去參觀傑克遜．波洛克的畫室。畫室就在波洛克位於長島的家後面，由舊穀倉改造而成，方方正正，有個拱頂，看起來就像一座歐洲的小教堂。

畫室內部自從波洛克死於車禍後就沒有變過，地板上仍覆滿斑駁的顏料，像一塊表現主義的地毯。樹脂玻璃後面放著幾桶波洛克用過的顏料，附帶幾把沾滿顏料的舊刷子。

多年來，畫室管理人員已經把地板上的某些顏料潑濺痕跡與特定畫作連結在一起。深藍色的腳印？那是波洛克創作〈藍柱〉時留下的，這幅作品現在掛在澳洲國立美術館裡。角落那些紅點？創作〈匯聚〉時留下的，這幅作品目前在奧爾布賴特—諾克斯美術館。為了保護布滿顏料的

地面，管理人員要求訪客必須穿上泡沫塑膠做的拖鞋，才能在地板上走。

我以前在某一本藝術解析的書裡看過波洛克的作品，然而只有走進他的畫室，才能領會他畫作中的原始能量，才能完整感受到滴畫技法的叛逆之美。

這個畫室往往會激發這種反應，走進這個空間的人免不了會罵髒話。一個講解員曾經把這裡稱作「聖地」，而我的朋友丹．貝拉斯科那天和我一起參觀了畫室後，同樣受到啓發，最後成爲一名職業藝術策展人。

貝拉斯科是抽象表現主義的專家，現在經常策畫一些波洛克同僚的作品展。他認爲自己進入這個領域的原因之一，要歸功於那次參觀波洛克畫室的經歷。「比起去美術館參觀那種將波洛克聖人化的展覽，到他的畫室參觀可以對這個人有更直接、更個人化的體會。」他告訴我，「看到波洛克的畫室，眞的會讓人留下難以磨滅的印象。」

我們的大腦理解抽象概念很吃力，我們喜歡有形的事物。事物如果是直接的、有形的，會比較容易理解。透過閱讀了解波洛克如何在長島的舊穀倉裡創作二十世紀最具開創性的畫作是一回事，走進舊穀倉，看見波洛克走過木地板時留下的那些藍色腳印，彷彿他前一天早上才離開，則是另外一種非常具體且完全不同的體會。

這種對有形事物的強烈渴望影響了我們所思所想的一切，改變了我們所見、所聽、所相信的任何事物。比方說，隨便想個寓言故事，如果其內容包含具體細節，我們會比較容易記住這個故事。看看下面的句子：

那頭熊很大，加上厚實的爪子就更巨大了。

然後，跟接下來這個句子比較一下：

那頭熊有一輛 Mini Cooper 那麼大，爪子就像棒球手套。

兩個句子描述的是同一頭熊，句子長短也差不多，但第二句話提供了更明顯的特徵，更能讓人留下印象。因爲大腦的這種運作方式，一頭有 Mini Cooper 那麼大、爪子像棒球手套的熊，聽起來比一頭「大」熊可怕多了。

這對學習很重要，因爲**將事物具體化**是延伸知識的有效方法。藉由打造出聞得到、摸得到或看得到的事物，我們就能讓該事物變得更容易理解。這背後有很多原因，其中一個是，大腦明顯是個視覺器官。即使你在視覺感知方面達不到波洛克那樣的程度，你的視覺迴路也是大腦中最強大的迴路。

以我們在第一章提過的珠心算爲例。這種計算方法之所以那麼有效，原因之一是它提供了一種視覺方法。藉由在腦中「看見」算珠和珠杆，就可以更輕鬆地進行數學運算。

同樣地，畫圖也可以讓我們學得更多。心理學家理查．邁耶發現，當我們用筆在紙上畫出某樣東西時，會有更豐富的理解。比方說，假如你正在讀有關板塊構造學說的文章，那麼畫出地函和地殼的圖會讓你從那篇文章學到更多。記憶也一樣，如果畫出一頭 Mini Cooper 那麼大的熊，你更有可能記住那頭熊。

另一個說明我們的視覺傾向所具有的力量的實例，是喜劇演員鮑勃．哈里斯所謂的「黏性形象」——想要記住某樣事物時，哈里斯會創造一個視覺圖像。例如，希望記住佛斯特幾本小說的書名時，他會想像自己在一個房間裡，從窗戶看出去，看見一個「巨大的、正在顫動的九公尺寬的屁股」。這個畫面雖然讓人有點緊張不安，卻讓哈里斯牢牢記住佛斯特兩本書的書名：《窗外有藍天》和《此情可問天》。

然而，具體化不僅僅是視覺化，我們還應當記住，學習是一件涉及全身心的事。我們的情緒、感受，甚至觸覺，都有助於支撐我們的知識。不誇張地說，學習就是一種活動。如果可以身體力行去接觸某個主題或技能，會學到更多。或者，想想這件事：一個人的手指靈活度比他的智商更能預示他將來的數學技能程度。

我們可以好好利用學習的這個特點，例如把概念「表演」出來就會帶來有益的影響。理查．邁耶認爲，閱讀一段文字，然後把那段文字演出來，會比單純閱讀文字學到更多。同樣地，利用模仿或角色扮演，可以更有效率地提升專業技能，因爲這樣做讓我們對該技能有更具體的理解。這個觀點也解釋了爲什麼心智模擬可以增進自我效能，如同第二章提到的滑雪選手吉姆・泰勒那樣：透過想像自己在比賽中的表現，他提升了自己的表現。

致力於保存並維護波洛克畫室的博物館發現了學習過程的這個特點，在我去參觀的幾年前，工作人員就開始邀請訪客動手創作自己的滴畫，利用刷子、樹枝，偶爾用滴管，來創作他們自己版本的波洛克作品〈第五號〉。

幾年前，兩個父親帶著他們的孩子來參觀波洛克的畫室。博物館的工作人員海倫・哈里森回憶道，那兩個人一看就是在華爾街工作的，穿著短褲，反戴著棒球帽。後來，那兩個父親決定跪下來幫他們的孩子把顏料扔到一張不透水的厚紙上。「我要把我內在的波洛克表達出來。」一個父親邊說邊把顏料潑在畫紙上。毫無疑問地，他正在以一種非常具體的方式表達出他內在的波洛克。

實際應用所學知識有助於發現理解上的缺口

光從外面看，高科技高中就很不一樣了。它坐落在加州聖地牙哥的機場附近，所以經常有飛機從學校上空轟鳴而過。皮膚晒得黝黑的流浪漢在附近的公園遊蕩。而因爲附近有幾個海軍陸戰隊營區，所以偶爾會有潛水夫從學校前面的海灣浮出來，他們的頭看起來就像漂在水面的黑色浮標。

高科技高中內部既像汽車修理廠，又有點像藝術工作室，帶著些許南加州的清爽氣息。門廳裡面擺著一個叫「帶著藝術走」的裝置，訪客花五美元就可以買一小幅畫作，肖像畫、風景畫之類的，這些收入用來支持學校的營運。走廊盡頭，未來主義的新奇裝置在角落擠成一團，天花板則掛著藝術壁畫。

根據學校創辦人賴瑞．羅森史托克的想法，高科技高中要讓學生應用自己的知識，讓他們創造各式各樣的專案來展示他們學到的東西。這所學校沒什麼作業，至少沒有傳統那種習題本或

隨機測驗13

用一句話概述前一章的內容：

A.作者在高中的一場籃球賽失利後雪恥了。

B.作者認為學習需要很多回饋意見和掙扎。

C.作者認為打籃球對學習來說很關鍵。

D.作者打算加入NBA。

問題集；也沒有課本。他們有個非正式的校訓：「在高科技高中，你可以打電動，只要那是你設計的。」

高科技高中雖然有課程，但學生通常自己規畫專案。在十年級的一門化學課裡，一群學生曾經開辦了一家小肥皂廠，賺了超過一萬美元；在某個中學班級，爲了學習升力的物理特性，學生各自設計了一個風箏；一群六年級生則曾經爲聖地牙哥自然歷史博物館規畫了一個化石展。

我們已經聽過高科技高中這樣的學校之所以成功的一些解釋：應用所學知識有助於發現理解上的缺口。比方說，如果設計一個風箏，錯誤的設計結果會一目了然：它根本飛不起來。這種「與自己緊密相關」的感受提供了學習動力，所以我在高科技高中從來沒看過在走廊上無聊閒逛的學生。

然而，有件事我們沒有考慮過：當我們擴展自己所學的——當我們應用自己的知識——這些知識會更整合爲一體，成爲一個更豐富的知識系統的一部分。應用自身知識促使我們把各式主題當作整體的一部分來理解。例如，學生在學習製作風箏時，整合地學習了物理學、數學和工程學；學習製作並銷售肥皂時，則要努力解決化學、商業和行銷問題。

我們每個人都可以從高科技高中的教戰手冊中取出一頁，然後去應用自己的知識。以資料分析爲例，我們可以分析一場棒球賽的統計資料，來充實自己對資料分析這個統計方法的理解。透過這種方式，我們就能領會分析結合了科學（進行預測）和技藝（有許多經驗法則）

建築工程學也一樣。如果你想學習成為一個好的建築師，就去創造一棟新房子，這樣你很容易理解配管、電氣、工程學是如何「攜手合作」的。若是立志成為電影導演，就開始製作電影，哪怕是用手機拍。藉由實際製作短片，你會更加了解一部電影如何把圖像和聲音、說明性段落和動作場面整合成一個視覺敘事體系。

當然，這不是在說不斷地動手實踐就是完美無缺的。如果沒有理解概念、沒有熟練掌握基本知識，實際動手做沒有多大好處。就這一點而言，高科技高中仍然是很好的例子。這所學校在許多方面都過了頭，以致有些畢業生因為缺乏扎實的背景知識，大學念得很吃力，經常抱怨不知道怎麼從課本學習。

不過，在培養一項專業知識或技能的過程中，還是必須應用，還是要把「學習」這輛車開出去兜兜風。人們往往不願去執行自己知道的東西，這正是第二章提到的亞伯特．班杜拉對自我效能的觀點：我們經常太擔心自己不會成功，以致不願意將知識付諸實踐。然而，一旦有了一點基本的理解，以及一些細心的練習，我們就必須以明確的、專門的方法應用自己的專業知識或技

隨機測驗14

錯誤是學習所需。是或否？

能。

這也解釋了爲什麼電腦模擬對學習會有那麼正面的效果：電腦模擬讓人在一個實際情景或體驗的模型中練習技能，以更有系統的方式運用自己的知識。

我第一次認識到電腦模擬對學習的價值是在幾年前，當時有一封電子郵件出現在我電腦的虛擬桌面上：「十分鐘後請到董事會會議室來。」這是公司的資深副總裁艾倫．楊發來的郵件，他在信中解釋說，公司的客戶服務中心發生大火，但執行長正在船上度假，無法與他取得連繫。爲了解決這場危機，董事會緊急授權高階管理人員處理這件事。

這時你該怎麼做？

這聽起來有點像一部爛電影的開場，但其實是電腦模擬軟體 vLeader 中的一個場景。科技可以讓人在模擬眞實世界的場景中應用自身技能，而不必冒太大的風險。還有一些模擬軟體則提供機會讓人學習成爲更好的消防員，或是改進自己身爲社工的技巧。

模擬軟體之所以有用，是因爲它提供了讓我們應用所學知識的途徑。模擬軟體幫助人們以比較整合的方式把想法和概念模型化，效果顯而易見，模擬軟體確實有助於學習。有一組研究人員曾經把一個結合模擬和其他比較主動的學習形式的線上學習課程，與一個傳統線上學習課程相比，發現比較主動參與式的方法，學習效果比傳統方法高出六倍。

這篇研究論文的標題爲「學習不是一種觀賞性運動」，總結其重點就是：爲了徹底習得一項技能，我們必須實際參與那項技能。

「教別人」是個有效的學習法

還有一個應用所學知識的方法：**教別人**。

多年前，大衛．古斯丁有個量子統計方面的問題。古斯丁是加州理工學院的物理學家和副校長，他想搞清楚量子物理學如何預測特定類型的次原子的行為。

於是，古斯丁去拜訪理查．費曼。費曼是美國最著名的科學家之一，曾經參與製造原子彈，建立新的光子模型，最終獲得諾貝爾獎。他請教費曼：「你能不能為我解釋一下，為什麼自旋為½的粒子會符合費米—狄拉克統計？」

聽了古斯丁的問題，費曼稍作停頓，然後說，解釋這個概念最好的辦法，就是針對這個主題為大學生開一堂課。「我會為此準備一堂適合大學新生的講座。」費曼告訴古斯丁。

費曼花了一些時間思考這個問題，但最終還是卡住了。看來，量子物理學的這個部分還是讓人搞不著，無法簡單解釋清楚。於是，費曼很不好意思地回去找古斯丁。「你知道的，這件事我做不到，我沒辦法把這個概念簡化到大學新生的程度，」費曼解釋道，「這表示我們還沒有真正理解這個概念。」

這聽起來也許很奇怪，甚至很諷刺，教別人竟然是深入了解一個主題的好方法。然而，已經有許多研究證實了這個觀點。無論是教一個數千人的班級，或者只是嘗試向一小班大學新生解釋某件事，我們都能透過講授，而對某個領域的專業知識或技能有更深入的了解。

研究人員將這種現象稱爲「門徒效應」，而這其實是一種知識應用：透過講授某一主題，我們提供了自己對這個概念的理解。我們用自己的話清楚說明這個主題的重點，因而提升了自己的專業知識。

「教別人」這個學習法也需要後設認知。爲了解釋某件事，我們必須去思考指導對象的思考過程；換句話說，教別人的時候，我們要問自己一系列重要問題：解釋這個概念最好的方法是什麼？他們會如何理解這個觀念？最重要的重點是什麼？

這些問題會促進指導者自身的學習，因爲它們迫使指導者必須以更有意義的方式去處理講授內容。不過，想要從這個方法中獲益，也不一定非得眞的去指導別人。

例如，心理學家約翰·內斯托伊克做過一項研究：他準備了一些文章，發給兩組受試者研讀，其中一組被告知讀完後要考試，另一組則被告知，這些文章要當作教材，讀完之後要去教其他人。實際上，所有受試者讀完文章都要參加考試，並沒有人眞的去教學。

結果顯示，與認爲自己要接受測驗的人相比，相信自己要去教別人的受試者學到的更多。

根據內斯托伊克的說法，認爲自己要去指導別人的受試者以一種更深入的方式處理學習內容，即使他們最後並沒有眞的去教別人。

把講授當成一種學習形式，另一個重要意義在於：指導他人是一種社會行爲。這是一種情緒活動。教學的時候，我們會考慮到價值與意義、熱情與樂趣，畢竟誰也不希望看到自己的學生懶洋洋地歪在椅子上。所以，我們會去思考如何讓教學內容更有吸引力，如何讓自己要講授的概念和技巧與聽衆密切相關。

如果知道自己要去教別人，人們通常會更認眞準備。指導他人的社會面讓我們更願意付出努力。此外，教學過程是反覆的。對方一臉茫然？那就再解釋一次那個概念。翻白眼？那就花點時間與對方在情緒上連結。學生對之前學過的某項知識不熟悉？那就去複習那項知識。就這一點而言，「門徒效應」在人們看著實際運作中的學習活動時最爲強大。

「以教爲學」是我們之前提過的許多成功計畫的驅動力。第一章談到的華盛頓大學那門開創性的大一生物課，就能看到許多以教爲學的例子——我在那裡觀察到學生經常分組學習。第二章介紹的「全員成功」方案也是如此，互助合作的學習形式是這個教育改革方案的核心。

這些年來，有些人也掌握了這種方法。

大衛·容克威斯特是瑞典的一名電腦繪圖開發人員，幾年前，他開始造訪 Stack Overflow 之類讓人可以提出和回答問題的網站。爲了延伸自己的技能，他有時一天會花至少一小時在 Stack Overflow 上回答問題。這個網站成了他瀏覽器的首頁，每天早上都會登入，有時會寫上千字的回覆。

因爲是動畫製作人員，容克威斯特回答的通常是與動畫相關的問題。久而久之，他發現透過在網站上回覆問題，他發展出許多新技術和新觀點。有一次，有人貼文詢問一個關於如何讓動畫重複播放的問題。這不是容克威斯特熟悉的內容，但透過研究這個問題，他深入學習這項技巧，現在經常在自己的作品中運用這個方法。

「我藉由回答問題，學到不少東西。」容克威斯特告訴我，「爲了學到更多技能，我會強迫自己去回答比以前遇到的難一點的問題。」後來，容克威斯特甚至利用他發布在Stack Overflow上的一篇比較長的貼文，獲得瑞典一家科技公司的工作機會。容克威斯特在網站上的貼文顯示他了解問題涉及的概念，而且可以用一種經過縝密思考的方式解釋給別人聽。

物理學家理查．費曼早在大衛．古斯丁向他詢問次原子的問題之前，就已經非常了解以教爲學的概念。一九四〇年代，費曼曾經在位於美國新墨西哥州的洛斯阿拉莫斯實驗室參與第一顆原子彈的研發，這是他成名之前的經歷，當時他是量子力學領域的無名小卒，是實驗室最初階的工作人員。其他人都非常有名，整個實驗室滿是物理學界的大咖，從羅伯特．歐本海默，到恩里科．費米。

然而，知名物理學家尼爾斯．波耳還是經常私下找費曼在小會議室裡開會。那時費曼不明白，爲什麼備受尊敬的波耳會關心他的想法，會經常安排時間在清晨跟他一對一談話。

但最後，費曼了解到，實驗室的其他物理學家幾乎都很敬仰波耳，對他的理論言聽計從。但費曼不一樣，他會提出反對意見、會問問題，甚至第一次開會的時候，費曼就在一大群研究員同事面前指出波耳的一個邏輯錯誤。

因此，在他們的清晨會議中，在其他物理學家還沒來之前，波耳會把新的想法講給費曼這個年輕科學家聽，費曼則試著針對性地提出問題。費曼會指出波耳想法的瑕疵、問題，或是令人困惑之處。他也許會說：「這樣不好，如果你改成這麼做，可能就行得通。」

換句話說，費曼促使波耳去講授自己的概念，從而加深理解。

隨機測驗15

以下何者是「提取練習」？

A. 一種給狗玩的遊戲。
B. 一種自我測驗。
C. 一種新的考試形式。
D. 一種更好的網球打法。
E. 一種在澳洲發明的運動。

不確定性是有效學習所需

盡力避免「正確答案」式的學習方法

這一章到目前爲止，我們已經提過幾個藝術家。有些很有名，像傑克遜．波洛克和邁爾士．戴維斯，有些人——如理查．費曼——則是在創造性領域漫遊。還有些人是把藝術當嗜好，例如研究碎形的科學家理查．泰勒是業餘畫家，波洛克博物館的海倫．哈里森則研究雕塑多年。

這不是奇怪的巧合，因爲擴展一個知識領域需要一種創造力。我們必須期待並準備接受細微差異和不確定性。事實上，研究顯示，如果人們認爲某個專業領域是暫時性的、不明確的，是可以去探索和發現的，那麼他們就會學得更多。

總之，我們也許更早就應該處理這個問題。如果你不期待自己可以擴展一項技能，那就很難擴展任何一種技能；如果你認爲學習就是蒐集資訊，就是建立固定不動的程序，自然不覺得有理由以更深入的方式充實專業知識或技能。

再者，知識明顯就是不確定的，幾乎每個專業領域都有暫時性的概念、細微差別，以及有待發現的新領域。至少對專家來說，這個觀點是不證自明的。如果你是某一領域的權威，模糊性是已知的事實。專業知識總是在變動。在科學界，頂尖研究人員一直在開拓新的知識領域，看看不斷變化的報刊標題就知道了；在文學界，幾乎每週都會有對偉大美國小說的分析，儘管書店的書架早就放不下這類書籍。

但是，連最基本的數學問題其實也差不多，它們可能會展現出讓人腦力枯竭的複雜性，有各式各樣的模糊空間。例如「962+75」這道運算題，乍看簡直太基本了；但仔細一想，它其實有超過一千種不同的解題方法，而且沒有一種方法比另一種更正確。

正如物理老師安德魯．艾爾比對我說的，這種態度不只是精通某一專業領域的途徑，事實上是個目標。畢竟，我們學習各個領域的專業知識，就是爲了努力應對這個世界，爲了理解複雜性，爲了改變自己的思考模式。這對知名專家或新手來說都是一樣的。「學習就是關乎推理和解釋，而不只是找出正確答案。」艾爾比告訴我。

不僅如此，這個概念也反映出我們所在世界的眞實情況，「知識經濟」已經變成「思考經濟」；換句話說，爲了成功，我們需要更精細的知識形式，即使看起來採用機械式做法的學術領域，也沒那麼機械式了。

以軍隊爲例。不久前的過去，服兵役還是關乎學習規則、服從命令、執行指令，美國就是用這種方式取得第二次世界大戰的勝利：五星上將們命令大批士兵從比利時海岸登陸，一路殺向柏林。

但是，軍隊正在改變，因爲這個世界也在變，美國再也不能用打贏二戰的方式贏得任何一場戰爭，那些行軍和陣地戰的日子一去不返了。正如一位軍事科學教授所說的：「我們努力擺脫的，就是那種『正確答案』式的訓練。」

在學習領域，至少沒有人比心理學家馬克．朗可更認眞看待這個概念了。與我採訪過的其他學習專家相比，朗可盡力避免「正確答案」式的學習方法。當我抵達他在喬治亞大學的辦公室時，朗可告訴我，他從來不會走同樣的路上班，總是選擇不同的路。

爲了接納不確定性與促進新的思考方式，他每天還會以不同的方式刮鬍子，有時用左手，有時用右手，而且總是從臉上不同的點開始刮。此外，他甚至嘗試每天用新的方式繫鞋帶。「這其實有點難，」朗可說，「我覺得繫鞋帶的方法是有限的。」

朗可認爲，這樣做讓他的心胸更開放，確保他能注意到細微差異。再者，朗可也主張人往往需要一些刺激、一些敦促才能更加細膩。例如，在朗可做的研究中，只要告訴受試者要採用開放式的學習形式，他們就會投入更多開放式的學習方法。「很多時候，只要對他們說『只考慮原創思想』就夠了。」朗可告訴我。

朗可這種做法的一部分好處是：它促使人們質疑自己的信念。以朗可爲例，他並不假定走公路可以比較快抵達辦公室；他也不假定用右手刮鬍子會比用左手好，即使他是右撇子。這類變動幫助他發現附近的一些新街道，他的雙手也變得更靈巧，而且更會打結了。「創造性是一種學習。」朗可說。

誠然，朗可也許有點矯枉過正了。談到通往某地的最快路線時，當然有正確答案。但這裡的核心觀點是：**有效學習需要不確定性**。我們必須看到模糊性，因爲專長發展取決於改變我們對某一技能或知識的看法。

這也說明了爲什麼**改變觀點**是有效的學習工具，因爲當我們考量其他觀點時，就獲得了一種更精細的理解。所以，如果要研究蘇聯的解體，從不同觀點檢視這個問題會有更多收穫。蘇聯領導人戈巴契夫是如何理解所發生的一切？美國總統老布希呢？如果你當時住在莫斯科，會上街支持這個政權的解體嗎？

這種自我提問也能幫助我們發現細微差別。想要學得更多，可以問自己：人們爲什麼相信這個觀點？爲什麼他們可能是錯的？有沒有不同的解釋？

心理學家凱斯．索伊爾的方法對思考這種學習方式很有幫助。他認爲人們應該「延伸」和「壓縮」問題，以發現更多細微差異。當我們延伸一個問題時，會讓它變得比較抽象，這就可能

隨機測驗16

一個人的智力在他出生時就確定了。是或否？

讓問題更容易解決；或者，我們可以壓縮一個問題，讓它變具體，這往往會給我們不同的理解。

比方說，如果學習駕帆船時遇到困難，可以延伸練習內容，問問自己：風究竟是如何讓帆船移動的？到底該怎麼讓船搶風轉變航向？

或者，我們可以壓縮問題，讓它變具體，以學到更多：風大的時候應該如何使舵？如何讓快速移動的船減速？

索伊爾認爲，經過深思熟慮提出的問題，往往是更爲精細的學習形式最大的驅動因素。它們創造出表述問題的新方式，而根據索伊爾的說法，幾乎每一項重大發明基本上都爲一個新問題提供了答案。比方說，「如何把畢業紀念冊放到網上」這個問題激發了臉書的創建；而促使薩爾曼．可汗創建線上教學課程「可汗學院」的原因，是爲了回答「如何幫助娜蒂雅表妹提高數學成績」這個問題。

所以，請問問自己：我如何延伸自己學到的知識？

群體多樣性帶來更多樣的思考模式

想要爲學習帶進更多細微差異和複雜性，有個很簡單的辦法：社會多樣性。身邊的人對我們如何思考會有很深的影響，不同背景的人對同樣的專業知識會提供不同的解讀。

回想一下荷蘭鬱金香價格崩盤事件，那可能是歷史上最早的經濟泡沫。根據歷史學家的說法，鬱金香經濟興起於十七世紀初期荷蘭開始變富裕的時候。由於進行海外貿易，很多荷蘭商人暴富，一下子積累了大量財富。鬱金香成了金錢的象徵，相當於那個時代的豪宅。

鬱金香球莖的價格開始飆升，後面的故事對關注過這個事件的人來說再熟悉不過：商人押在鬱金香上面的賭注，風險越來越高，簽訂的合約越來越錯綜複雜。人們開始交易那些自己根本就不懂的鬱金香球莖，利潤以百分之百、甚至更高的漲幅激增。

然後，鬱金香球莖的市場崩塌了。在某個時間點，球莖居然以相當於阿姆斯特丹一棟豪宅的價格進行交易；但短短幾週之內，這顆棕黃色、沾滿泥土的球莖變得一文不值，價格幾乎不夠買一片麵包。這個事件後來被稱作「鬱金香狂熱」。

以現在的標準來看，鬱金香泡沫還不怎麼算得上是個泡沫，但這場危機讓人們了解經濟崩潰的其中一個原因：社會多樣性程度太低。威廉瑪麗學院教授毛里茨．范德費恩指出，當時許多荷蘭商人某種程度上都彼此認識。他們去同樣的教堂，彼此沾親帶故，工作、生活背景也很相似。這群商人形成了一個緊密的社會網絡，「每個人都把其他人視爲同道中人。」范德費恩在他針對這場經濟崩潰的研究報告中寫道。

這樣的社會連結影響了這些商人，根據范德費恩的說法，他們都「高估了同行的專業能力」。事實上，他認爲這種「緊密的在地化社會網絡透過某種同儕壓力促成了這場泡沫」。或者，可以把鬱金香泡沫看成一種經濟上的群體迷思。

我們必須牢記：交易本質上是一個論點。從市場上購買某樣東西時，我們其實是在說，這個產品的價值被低估了。這就是交易常常被稱作賭注或避險的原因。大多數情況下，市場的運轉是因爲群體有某種智慧，當我們取一大群人意見的平均值時，這樣的意見通常比單一個體的意見更準確。

很多書都提過這個概念，例如詹姆斯．索羅維基的《群衆的智慧》。向衆人詢問解決某個問題的辦法，通常會得到較好的解決方案；把難題交給一群人，得到的答案會更全面、經過更多推論。這個道理在大公司也適用，社會多樣性會促成更高的生產力。

對我們來說，第一個重點是：**多元群體帶來更多樣的思維**。跟那些與自己不同的人在一起時，我們比較有可能進行複雜的思考。德州大學教授西恩．列文研究過不同族裔背景的人在群體中是如何思考的，結果發現，種族背景的差異會讓人更加考量證據。

列文認爲，當人們周遭都是跟自己不一樣的人時，對自己的思考過程會更吹毛求疵——他透過幾項模仿股市的實驗證明這個觀點。「有看起來跟我們不同的人在場時，我們對他人行爲合理性的信任程度會降低。」列文告訴我，「這時，我們會傾向於自己獨立思考，而不是模仿他人、盲目從衆。」

在列文的研究中，種族多樣性藉由讓人變得更多疑而促進批判性思考，迫使人們提出更多問題。列文在自己的生活中很認眞看待這個觀點。做任何決定時，例如買車或接受一份新工作，他都會跟不同背景的朋友商量。至於研究專案，他盡量打造多元化的團隊，在一項針對股市的研究中，他設法確保團隊成員在年齡、性別、宗教、種族和職業背景方面都不相同。「多樣性會讓你更聰明。」列文告訴我。

談到學習，多樣性還有更多影響。多樣性不僅可以引發質疑，我們還能從其他人的觀點提升自己的專業知識或技能。爲了理解這個概念，請想像一群背景相似的人，姑且稱他們爲「技客」吧。然後，再想像一間餐廳，裡面除了幾個技客，還有幾個四肢發達的運動員、粗人和腦袋空空的傻瓜。

根據密西根大學教授史考特·佩吉的實驗，在解決問題方面，餐廳群體通常會勝過技客群體。技客也許很聰明，但他們被自己的智力工具箱限制住了，在思考解決方案時很難有不同的想法，被困在技客的思考方式裡；相較之下，餐廳那群人受益於多樣性，更有能力解決問題。「對問題的新觀點並非憑空而來，」佩吉寫道，「我們通常是從其他人的觀點構想出來的。」

科技那種由下而上的本質對此也會造成影響。科技因爲有助於在不同群體之間建立連結，而創造出可促進這類學習的交流。某種程度上，這只是網路本來就有的好處之一：它讓我們以趨近於零的成本與極爲不同的人連結。

有志成爲牧師的梅莉莎・夏瑟報名參加了范德堡大學的一個聖經學習班，課程的一部分內容是要每個學生編寫一則自己的維基百科條目，讓其他人評論。夏瑟除了創建自己的條目，也評論了別人的，並提供回饋意見。「徹底解釋了經文！」她在某個條目的討論頁如此寫道。

這種線上的觀點交流幫助夏瑟提升自己的理解，也促使她更深入思考《聖經》是如何融入現代世界的。例如，有個學生詳細描述了鹽在《聖經》裡的角色，討論了不同種類的鹽，並描繪《聖經》在不同儀式中提到鹽的各種說法。「我看《聖經》時從來沒想過鹽的事。」夏瑟對我說。

現在，夏瑟是田納西州首府納許維爾市的牧師。某種程度上因爲在聖經學習班的經歷，她時常把日常生活中的事物融入傳道工作中。例如在最近的一篇文章裡，她就借用了辦公用品公司史泰博的廣告內容。「一旦領會《聖經》的含義，就會到處看見《聖經》的隱喻。」她說，「經文是很人性化的。」

這裡有個重要的限制條件：無論線上或線下，我們其實都不喜歡多樣性。與那些跟自己不一樣的人打交道，會讓人覺得不舒服。對許多人來說，與跟自己觀點或背景不同的人打交道會引發社交焦慮。正如一篇學術論文的結論所言：「多樣性會導致衝突越來越多。」

這解釋了爲什麼人們往往會花時間跟那些與自己相似的人在一起，因爲外表和行爲跟他們相像的人讓他們覺得舒服。

列文告訴我，每當他在課堂上要求學生分組時，他們通常會跟與自己相似的人搭檔，黑人男學生找其他黑人學生，白人女學生自動聚在一起。「他們經常選擇那些表面上與自己相似的人。」列文說道。

令人驚訝的是，這種狀況發生在列文向他們解釋了多樣性的巨大好處**之後**。「他們不聽勸告，只想感受族裔同質性帶來的那種情緒上的好處。」列文告訴我。解決辦法？他指定各組必須確保擁有更多元的觀點。「學生們不太高興，但這樣做讓他們更願意挑戰彼此。」他說道，而他的學生也因此學到更多。

✔反叛傾向讓人更有好奇心，更有創造力

我一直主張，多樣化的學習形式需要一種**質疑精神**。爲了習得專業知識或技能，爲了擴展自己知道的東西，我們必須有所質疑，必須提出問題——甚至反叛。

隨機測驗17

學習者不應該設定目標。是或否？

在這一點上，傑克遜．波洛克的例子仍然有參考價值。別人的非議是波洛克的學習燃料，他剛抵達紐約時，許多人覺得他明擺著就是一個糟糕的畫家。他高中時期的一個朋友說：「那傢伙根本不會畫畫！」另一個同行則說他「連繪畫的基礎知識都沒有」。

然而，波洛克還是努力精進自己的技巧，花許多時間在畫室專注地練習，近乎執著。最後，他遇到幾名熱情的支持者。畫家湯瑪斯．班頓非常欣賞波洛克非正統的作風，藝評家克萊門特．格林伯格認爲波洛克擁有非凡的天賦，而收藏家佩姬．古根漢偶然搶購一、兩幅波洛克的作品，也對他大有幫助。

波洛克坦承，他從來沒想要精通每一種誇張華麗的繪畫技巧，但他有自己的奮鬥目標，立志要引領一場造反運動。當然，波洛克並不總是那麼相信自己，受心理健康問題摧殘的他，最後因酒後駕車出車禍身亡。更確切的說法是，帶著一些雄心，以及許多反叛精神的波洛克相信自己有話要說，並且會把它說出來。

我們多數人不會這樣——一般而言，人們喜歡確定性，它像一件舊的冬季外套，給人帶來舒適感。學習一組確定的事實比較簡單，相關步驟我們做起來很容易——直接告訴我答案，我們會這樣說。

這種對「保證」的喜好深入大腦，所以我們的思維通常圍繞著同樣的想法打轉，我們把自己錨定在看起來已被接受的事物上。舉個例子：假設我轉動一個標記了數字1到100的轉盤，跳出來的數字是10，然後我問你：「披頭四的唱片獲得葛萊美獎的百分比是多少？」根據心理學家丹尼爾·康納曼的一項研究，你的答案很可能在百分之二十五左右。

接著，我再度轉動轉盤，這次跳出一個比較大的數字：65。然後，我問你一個類似但不完全相同的問題，例如：「狗是黑色的百分比是多少？」康納曼的研究指出，現在你的答案很可能在百分之五十五左右。

在康納曼這樣的專家看來，這一切再清楚不過：我說出的第一個數字——10或65——有個基礎作用，看起來，這個數字提供了一種確定性，錨定了我們的想法。所以，當我們想著數字10的時候，會考慮比較小的數字；想著數字65時，則會考慮大一點的數字。

對許多人來說，懷疑可以打破這個等式。反叛傾向讓我們更有好奇心，更有創造力，而在學習過程的這個階段，人們應該有強烈的意願去思考不同的觀點，去尋找與自己的想法相牴觸的理論。

一個實用的建議就是：多問問爲什麼，這有助於爲所學知識建立連結。一定要去應用你知道的東西，從而保持對所學材料及其複雜度的敏感性。試著把自己掌握的知識或技能傳授給他人，確保你眞的知道你所知的一切。另外，要毫不猶豫地爭論某個觀點，你會在形成自己的論據的過程中學到更多。

當然，就像許多教育上的觀點很容易走過頭一樣，我在這裡並不是說每個問題都會有多個答案，例如「75+962」永遠等於1037。我們也無法脫離某一特定領域輕易發展出這些思考技巧；換句話說，「知識效應」依舊成立。

但是，我們必須承認，學習是在困難的問題上進行的，需要一種**造反者**的態度，而這種態度在波洛克身上體現得淋漓盡致。正如藝術史學家黛博拉・所羅門所言，波洛克最終反抗了他有過的每一位導師，從湯瑪斯・班頓，到克萊門特・格林伯格。

而作爲學習者，理查・費曼也是如此。他有時會假裝自己懂義大利語，編造一些單字，尤其是當他騎著自行車，而旁邊有汽車駕駛人企圖超他車的時候。「你必須有絕對的自信。」費曼如此建議。

然而，最重要的訣竅也許來自邁爾士・戴維斯。他曾經寫道：「評論任何一個爵士音樂家的標準，是他有沒有投射、有沒有新想法。」談到學習時，我們應該抱持類似的看法，並且試著延伸自己知道的東西。借用一下戴維斯的話：評論任何一個學習者的標準，是他有沒有擴展自己的知識、有沒有新的想法。

第 5 章
形成關連

了解某一主題的內在關連往往是學習過程最困難的一部分，但最終，這也是我們學習的理由，是我們精通一項專業的途徑。

找到事物的內在關連有助於學習

愛因斯坦經常投入思想實驗（或稱假想實驗），最早的一次也許可以追溯到他十幾歲的時候，大約是一八九五年。當時愛因斯坦住在瑞士，臉龐瘦削清秀，頭髮濃密，他在當地一所高中上學，選擇了物理和化學課，經常整個晚上沉浸在課本裡。

在他的思想實驗中，愛因斯坦想像有一道光束像波浪一樣穿過空間，有正常的波峰和波谷，如同波浪穿過海洋。然後，愛因斯坦想像自己用同樣的速率跟著這道光束快速移動。而他意識到，如果這種狀況發生——如果他就在光束旁邊——那麼這道光波看起來會是靜止的，就像根本沒在移動。

舉另一個例子說明愛因斯坦意識到的事：想像你以一百公里的時速開車前進，如果你看到另一輛車以同樣的速度與你同方向行駛，那麼那輛車在你看來就像樹木或石頭一樣靜止不動。

愛因斯坦馬上意識到有些地方說不通。光的速度應該是個常數，但在腦中，愛因斯坦可以想像出一個光速看起來靜止不動的場景，至少對那個在光束旁邊一起移動的人來說。這兩件事不應該同時爲眞。愛因斯坦後來寫道：「這製造了各種令人不安的矛盾。」

作爲一種學習活動，思想實驗可以追溯到古希臘時期，不過通常是一種思考某個概念的方法，促使人們去理解一項技能或專業知識如何結合成一個系統。在這一章裡，我們將更深入檢視如何透過尋找一個專業領域裡的各種關連來學習。

了解某一主題的內在關連往往是學習過程最困難的一部分，但最終，這也是我們學習的理由，是我們精通一項專業的途徑。事實上，愛因斯坦認爲上述思想實驗正是他提出狹義相對論的觸發因素。他寫道：「這個悖論中，包含了狹義相對論的種子。」

系統思考可以讓人了解某一領域的深層結構

對系統思考的一些早期研究，大約出現在愛因斯坦發表相對論的時期。研究在芝加哥大學進行，心理學家查爾斯．賈德讓兩組受試者朝水下的一個目標投擲飛鏢。

第一組受試者單純練習整個流程，重複朝著水下約十公分處的目標投擲飛鏢；第二組受試

隨機測驗18

用來標出重點的螢光筆是很好的學習工具。是或否？

者也執行一樣的練習流程，但同時學習折射的概念，亦即光從空氣進入水中，前進方向會改變的現象。

然後，賈德將目標移到水下三十公分處。結果，雖然兩組受試者瞄準水下十公分處的目標投擲的結果一樣好，但將目標移到水下三十公分處時，只有第二組還能多少投中。

看起來，懂得光與水之間關係的學生，比較能在不同的環境裡擊中目標。他們可以把學到的知識用在新的環境裡。他們的知識因爲是一個更豐富的思考系統的一部分，所以更加靈活可用。

認知科學家琳賽．里奇蘭針對這個觀點寫過不少文章。在一篇具有里程碑意義的論文中，她表示，想要建立概念、想要解決問題、想要進行任何一種批判性思考，都必須掌握一個專業領域裡的各種模式。

里奇蘭耗費多年時間研究許多學術領域——從數學到歷史——發展出這個觀點。她發現，所謂精通就是了解知識結構如何彼此連結。「高層次思考能力的基礎其實涉及推理事物之間的關係。」我到芝加哥大學拜訪里奇蘭時，她這樣告訴我。

專家經常進行這種系統思考。他們了解自身領域中的種種事物是如何結合在一起的，因此可以看穿混亂與複雜，發現一個概念的本質。畢卡索因爲曾經七筆勾勒出一頭牛而聞名；優秀律師如美國最高法院大法官瑟古德．馬歇爾也有類似技能，可以在一堆混亂的法律細節中迅速找出關鍵論點。再舉個例子：想想披頭四那些流行歌曲的純粹、簡潔，他們讓音樂上很複雜的東西看起來完全不複雜。

此外，里奇蘭指出，假如把自己掌握的知識連繫起來，就可以培養出更嚴謹的推理能力。比方說，如果對數學裡的種種關係和系統有更多了解，就能擁有更高深的數學推理能力；如果更清楚各種歷史細節如何彼此連結，對歷史就會有更豐富的了解。「有效學習可歸結為思考事物之間的關係。」里奇蘭如此主張。

以學習海洋相關知識為例。里奇蘭說，有的人也許會專注於個別事實，例如海水溫度或海洋的體積，但想要培養推理能力、想要形成系統化的理解，應該檢視這樣的問題：如果海水鹽度上升，海洋會怎樣？海洋與湖泊的差別是什麼？暗礁如何影響洋流？

這類問題非常能夠促使人們去思考某一領域，然後充分理解一個概念、一個主題或一項技能。「你不是只想記住一堆東西。」里奇蘭告訴我，「想要有效學習，應該去尋找原因、尋找類比、尋找差異。」

里奇蘭研究物理學和數學等學術領域，形成自己的理論，跟她聊過之後，激發了我的興趣。我想看看她的論點能否延伸到比較沒那麼學術性的事物上，於是報名參加了一個品酒課程。磨練品酒技巧的方法當然很多，有的人會遍訪全球的葡萄酒莊，或者參加工作坊，或者就是品嘗許多種葡萄酒。

爲了檢驗里奇蘭理論的適用性，我悄悄走進一堂講述葡萄酒與食物搭配方法的課。我想要搞清楚：思考事物之間的關係能否讓我有更深刻的理解，幫助我以更好的方法提升自己的知識？

葡萄酒專家亞曼達・韋弗－佩吉在一個下著雨的星期五晚上爲我們上課。韋弗－佩吉身穿全白的廚師服，從葡萄酒的基本知識講起。她講到了酸度，詳細解釋了讓紅酒有澀味的鞣質。質地也非常重要。「可以把酒體輕盈的葡萄酒比作脫脂牛奶，」韋弗－佩吉說，「酒體厚重的酒則可比作全脂牛奶。」

她認爲，葡萄酒的搭配在於互補；換句話說，酒和食物要相互支撐，達到一種營養上的陰陽平衡。這就是爲什麼酒體比較輕盈的葡萄酒往往和水果之類口味清淡的食物搭配得很好，而酒體厚重的紅酒則能支撐燒烤肋眼牛排這樣的食物。韋弗－佩吉說：「讓酒體輕盈的葡萄酒搭配牛排之類口感厚重的食物，酒的味道會完全被壓下去。」

一開始，我強烈懷疑韋弗－佩吉的某些觀點，因爲就像人們在談論高端藝術或豪華轎車一樣，她談起葡萄酒也帶有強烈的炫耀意味。但接著，我們開始品嘗第一種搭配：羊乳起司沙拉搭配西班牙的阿爾巴利諾白酒。兩者之間的關係很清楚，讓我對葡萄酒的性質有了一些前所未有的認識。這款酒的本質——輕柔中帶有酸橙味——似乎無庸置疑。

接著，我們繼續品嘗下一款酒——澳洲的希哈紅酒。韋弗－佩吉把它與薄荷青醬烤羊肉搭配，結果，這款酒的風味同樣清晰呈現：濃郁，幾乎就像中世紀嘉年華會一樣狂野。我把里奇蘭的理論告訴韋弗—佩吉，她點頭稱是，對我說：「搭配對了解葡萄酒的性質而言是很好的入門。」

事實上，韋弗—佩吉早年上廚藝學校時有過類似的經歷。一個老師給她一款富含鞣質的酒，品嘗後，她的嘴唇有種中學時期初吻般皺皺澀澀的感覺。然後，這個指導老師又讓她吃了一口切達起司。「油脂讓鞣質的澀味變柔順，嘗起來完全不同了。」她說道。

上完兩個小時的課程後，我的葡萄酒知識還是有所欠缺。韋弗—佩吉對葡萄酒的搭配很有心得，如果我選了一瓶劣質酒，然後跟麥當勞薯條搭配，我會有非常不一樣的體驗。但我也可以

隨機測驗19

一個孩子解了一道基礎數學題，寫下「3+3=6」。他的父母想看看這個孩子是否也了解基本加法原理，那麼，他們**不**應該問的是什麼？

A.你知道還有其他哪兩個數字加在一起也等於6嗎？

B.你可以詳細說明你的答案嗎？

C.為什麼這是正確答案？

D.你的答案正確嗎？

非常肯定地說，我對葡萄酒的想法已經改變了，我隱約感受到，「像葡萄酒專家一樣思考」「以一個更有系統的方式看待葡萄酒世界」是什麼樣子。

交叉學習的價值

在一個專業領域中尋找內在關連的重要之處，也許在於這樣做讓人了解該領域更深層的結構——我與心理學家羅伯特．哥德斯通碰面時，以一種尷尬的方式認識到學習過程的這個部分。

哥德斯通是印第安那大學的教授，身材高大，有些禿頂，帶著苦笑。我們在華盛頓市中心的一家咖啡館見面。

「你看起來像個聰明人，」哥德斯通和我聊了一會兒之後對我說，「我可以測測你嗎？」

「沒問題。」我一邊說，一邊有點緊張地用手撥弄手裡的記事本。

於是，哥德斯通給我出了一道題：

一個年邁的國王打算把王國分給他的幾個女兒。王國裡的每一個小國會被分配給其中一個女兒（當然也有可能多個小國分配給同一個女兒）。假如整個王國有五個小國，國王有七個女兒，那麼，一共有幾種分法？

哥德斯通說完，我寫下幾個關鍵點：五個小國、七個女兒。然後，我開始畫這幾個小國的示意圖。把狀況畫出來有助於解題嗎？

「這個和階乘有關嗎？看起來有點熟悉？」我問道。

哥德斯通搔了搔脖子，說：「嗯，差不多。」

我繼續解題。

「我可以給你一點提示嗎？」哥德斯通說，「如果國王把德國給了其中一個女兒，他還是可以把法國也給她。」

我點點頭，但還是覺得太難。最後，哥德斯通把答案告訴我，並解釋道：「如果待分配給某一選項的五樣東西，或小國，每個都有七個選項，這裡指的是女兒，那麼一共有7×7×7×7×7種，也就是七的五次方種可能性。」

哥德斯通說，這個問題是基於一個叫作「放回抽樣」的數學概念，通常是在中學時學到的，可以歸結爲一個公式：「選項數目」的「選擇數」次方。

所以，我爲什麼答錯了？要回答這個問題，首先要了解問題的本質。哥德斯通這樣的心理學家會把問題描述爲擁有表面特徵和深層特徵。表面特徵通常是具體的或表面的元素，例如在這道題裡，國王的土地、女兒和年紀就是問題的表面特徵。

深層特徵往往是概念或技巧，而根據哥德斯通的說法，王國分配這個問題的深層特徵就是「放回抽樣的概念、選項的概念、選擇的概念」。我在解這道題的時候，沒有看見深層特徵，被表面元素分散了注意力。

哥德斯通認爲，人往往會被問題的淺層細節分散注意力，他稱之爲「最大的認知難題」。

再看另一個例子：

一個屋主打算重新粉刷她房子的幾個房間。她為客廳選了一種顏色的油漆，為餐廳選了一種，為家庭娛樂室選了一種，以此類推（有可能多個房間用同一種顏色的油漆，或者有個顏色一直沒用到）。假如有八個房間、三種顏色，那麼，她可以有多少種粉刷房間的方法？

這個問題也是來自哥德斯通的研究，但除非你接觸過放回抽樣的概念，否則很難立刻弄清楚這也是放回抽樣的問題；換句話說，我們難以理解這個問題和上一個問題的表面特徵不同，但深層特徵是一樣的。「要想發現這個關連，你必須看見國王的女兒和油漆的顏色在各自的場景中扮演同樣的角色——它們都是供選擇的事物。」哥德斯通解釋道。

那麼，要如何才能看見一個問題或一個專業領域裡的深層特徵？有個非常簡單的方法就是回到系統的概念、關係的概念，而交叉學習通常很值得。當人們看見多個表面細節不同的實例之後，更有可能理解內在隱含的系統。

哥德斯通在他的實驗室也發現同樣的情形：如果人們接觸過多種擁有不同表面特徵的放回抽樣問題，他們更有可能了解核心概念，對更深層的系統會有更充分的理解。

許多研究進一步支持了交叉學習的價值。

一九九〇年代有一項研究：讓一些年輕女性學習投罰球，其中一組只練罰球，另一組則採取交叉練習的方式——除了罰球，她們還練習近距離和中距離跳投。結果非常引人注目：交叉練習多種投籃方式的那一組表現好很多，因爲她們對基本技巧有更深入的了解。

比較有學術性質的領域，從記憶測驗到解題技巧，也適用這個道理：透過交叉練習，透過把不同的例子混合交織在一起，人們更能了解內在關連。他們更能敏銳意識到整個系統，有時成果會高出百分之四十。

這項研究有一些非常明顯的實際用途，而人們應該**變換練習內容，避免重複**。「最糟糕的方法就是連續練習同一件事，要像預防瘟疫一樣防止這種情形發生。」心理學家奈特・科內爾告訴我，「最好是集中時間練習，但不要重複任何練習內容。」

比方說，如果想要學習美國歷史，應該讀兩篇關於美國獨立戰爭的文章、兩篇南北戰爭的文章、兩篇冷戰的文章。研究顯示，如果學習者穿插讀這些文章，他們對美國歷史的理解會更深入：先讀一篇美國獨立戰爭的文章，再讀一篇南北戰爭的文章，之後再讀一篇冷戰的文章，然後重複這個過程，去讀剩下的文章。爲什麼這樣做有效？因爲穿插閱讀可以幫助人們發現不同主題領域之間的關連。

又比如滑雪，有人可能會嘗試取得不同環境下的滑雪經驗，例如蜿蜒的山道、遍布雪墩的山丘，以及從粉雪到結冰雪等不同的雪況。木工的話，人們會嘗試用不同的工具，在不同的木料上練習，如橡木、松木或冷杉木。

但是，人們通常不怎麼變換自己的練習內容——或例子。爲了發現深層關連，我們需要很多例子。比方說，在哥德斯通的實驗中，人們要在做過六、七道例題後，才能眞正掌握一個概念更深層的結構。

更重要的是，我們必須以非常直接的方式混合穿插這些例子，例子之間的對比必須直接且清楚。以滑雪爲例，一年滑粉雪坡道，隔年滑結冰雪坡道是不夠的，交叉學習的好處來自一種體驗完之後，直接體驗另一種。所以，衝下粉雪坡道後，馬上去找結冰雪坡道來滑。

這裡還要記住另一件事：關連可能很不明確。想要找到系統、想要看見更深層的結構往往很難。心理學家布萊恩・羅斯就建議人們要詳述自己找出來的深層結構。羅斯研究發現，如果把概念——或深層結構——的名稱寫在問題旁邊，會更容易解開問題。

所以，如果遇到下面這樣的問題：

某人以每秒十公里的速度滑動滑板，高速進入曲面坡道；跳離坡道後，速度略降到每秒六公里，而這名滑板選手的體重和滑板的重量加起來總共是五十五公斤。請計算坡道高度。

解題者應該要很清楚題目應用的原理，並把關鍵概念寫在問題旁邊。在本例中，題目旁邊應該寫下「初始狀態的總力學能和結束狀態的總力學能相等」。同樣地，如果再遇到類似國王要將五個小國分配給七個女兒的問題，我應該在題目旁邊寫下「放回抽樣」幾個字。

✅推測迫使人去推理，增加理解的深度

另一個尋找某一專業領域內在關連的方法，是「推測」。作爲一項學習工具，作爲學習過程的一部分，推測是很古老的做法，和《聖經》一樣古老。《聖經》裡面就充滿各種不同的假設。

「如果城裡有五十個義人，怎麼辦？」亞伯拉罕在所多瑪城被毀滅之前問道。後來在《舊約聖經》中，摩西問上帝：「如果人們不相信我怎麼辦？」拿撒勒的耶穌也時常採用這種修辭方式，曾經這樣問他的門徒：「倘或你們看見人子升到他原來所在之處，怎麼樣呢？」

至少在這方面，《聖經》不是預言性的。《古蘭經》也使用了各種假設，《論語》也是。對古代到現代的作家而言，推測性問題的目的是要促使我們去思考各個概念如何結合成一個整體。假設促使我們去努力理解系統。

例如，請思考這個問題：如果你從此以後不能說話了，會怎麼樣？這不是簡單用「是」或「否」就可以回答的，如果花點時間想答案，你會思考到系統，思考如何跟朋友溝通、如何與同事來往、如何和你遇見的任何人打交道。

推測會迫使人去推理、去思考。再舉個例子：回想一下本章開頭提到的愛因斯坦的思想實驗。在許多方面，這樣的活動就是一系列假設：如果愛因斯坦以光速移動，會怎麼樣？如果光看起來完全沒在動，會怎麼樣？

愛因斯坦在他的職業生涯中繼續運用假設，用幾乎相同的方法發現了廣義相對論。他問自己：如果某人從屋頂掉下來，會怎麼樣？如果這個人掉下來的時候，旁邊有個工具箱一起往下掉，會怎麼樣？後來，愛因斯坦把這個推測叫作「我最快樂的想法」，因爲它釋放了一波新的理解。

也有比較近期的例子。蘋果公司共同創辦人史蒂夫．賈伯斯非常了解這種方法的價值，當他想要徹底弄清楚某個想法時，就會提出推測性問題。例如，一九九〇年代末，賈伯斯回歸蘋果公司擔任執行長時，想要把公司經營得更好，於是把各個經理人叫進來，接二連三地向他們提出問題，如：「倘若錢不是目標，你會做些什麼？」「如果要你把你的產品砍掉一半，你會怎麼做？」

我們自己也可以練習推測。如果你正試圖解決某個難題，可以問問自己「如果……會怎樣」的問題：如果我有更多時間會怎樣？如果我有更多人手會怎樣？如果我有更多資源會怎樣？這種問題的答案往往具有啓發性，可以讓我們看清楚問題如何結合成系統。

有趣的是，這種假設性思考的力量可以追溯到我們的童年時期，或者追溯到像賈伯斯那樣與衆不同的人身上：你家的小朋友。如果花許多時間與小孩子相處，你就會知道他們很容易投入假裝的遊戲裡。多數孩子都能花幾個小時玩上學遊戲，或者，他們會說服自己「我是超人」，從長椅上跳下來，雙臂高高舉起，嘴裡大喊：「準備救援！」

這種假裝遊戲就是一種假設。當孩子們投入想像遊戲，例如假裝自己是披著斗篷的十字軍戰士時，他們就是在推測了。心理學家艾莉森．高普尼克認爲，這樣的活動對培養扎實的思考能力非常有幫助。「尤其是，假裝遊戲與一種非常特殊但非常重要的學習與推理形式有關——亦即那種與因果性知識和學習密切相關的反事實推理。」高普尼克與同事在書中這樣寫道。

我們成年人無法假扮成超人，至少在工作中做不到，但是有其他方法可以在某一領域培養系統思考，發現重要的內在關連。

其中一個方法就是藉由科學流程。大多數人可能都記得其基本原則，這是透過一個實驗過程來理解世界的辦法。步驟如下：

1. 檢查證據。
2. 建立一套理論。
3. 檢驗這套理論。
4. 形成結論。

有趣的是，科學流程與「如果……會怎樣」的問題沒多大區別。這是個依賴數據的推測過程，兩種方法都需要人們以更相關的方式思考，建立更有系統的專業知識。

此外，「建立理論—檢驗理論—重複」的科學方法幾乎可以應用到任何學科，幫助人們理解從攝影到莎士比亞戲劇的任何事。可以把這種方法想成是透過專注於解決問題來學習：人們提出不同的假設，建立理論，然後推理出結論。

所以，如果想要了解更多室內設計的事，也許可以問問自己：如果我的客戶非常富有且喜歡黃金，我會怎麼設計浴室？如果我的客戶是個年輕的身障者，我會怎麼設計浴室？我會如何設計一個以航海為主題的浴室？

再以文學為例。藉由討論各種假設的含義，會有許多收穫。想要更了解《羅密歐與茱麗葉》？那就思考一下這對年輕戀人如果沒有死會怎麼樣。卡普萊特與蒙太古兩大家族的世仇還會持續下去嗎？這對戀人會不會已經結婚了？

針對這種方法的力量，最有說服力的例子也許是插畫家史蒂夫・布羅德納。

你極有可能知道布羅德納的作品，他的素描經常出現在《紐約客》和《滾石》等雜誌。布羅德納被稱爲美國最成功的插畫家之一，作品以諷刺風格爲標誌。

幾十年來，布羅德納一直在教插畫課，運用科學方法幫助人們了解插畫。在他的課程中，學生還沒實際針對一段文字畫插畫之前，「建立理論—檢驗理論—重複」的科學方法就已經開始了。他建議學生在動筆之前寫一句話概括自己要畫的內容，這就是該插畫的「理論」。「學生必須問自己：『我想要針對這件事說些什麼？』」布羅德納告訴我。

然後，開始動筆的時候，還有一個「檢驗理論」的階段，布羅德納會要求學生試著琢磨自己的插畫。他讓學生用不同的角度、用各式各樣的架構、用奇特的構圖來試驗。對布羅德納來說，插畫家應該不停地問自己：如果這個特徵往前移會怎樣？如果把那個細節往後挪會怎樣？

儘管布羅德納提倡一種聚焦式的試驗，他也會提供許多「如何做」的建議。他會討論前景的重要性，或者以二十世紀早期的重要插畫家諾曼・洛克威爾的作品爲例。此外，他也會打造自己對插畫的理論，說明一幅插畫裡的所有事物應該怎麼結合在一起。布羅德納把這個概念叫作他的構圖「統一論」。「如果你移動了插畫裡的一樣東西，會影響到畫裡的其他一切。」他告訴我。

布羅德納這套方法是否成功可以從他的畢業生看出來：他的很多學生現在已經是專業插畫家了。更重要的是，布羅德納本人就是透過這種方式學會插畫的。小時候，他會研究他最喜歡的插畫，尋找模式、模型，試圖理解其他畫家是如何把各種元素組合成一幅畫作的。他會問自己：如果我採用他們的方法會怎樣？我的插畫會變成怎樣？會有什麼不同？

這就是透過**實驗**來學習。

駭侵是讓內在關連更清楚的方法之一

談到學習過程中這個「形成關連」的階段，專門試驗是了解一個專業領域內在系統的有效方法。我們來檢視另外一個例子——**駭侵**。

這裡所謂的「駭侵」當然不是指那種有犯罪嫌疑的駭入電腦系統，而是把駭侵當作一種學習方法，關乎利用科學流程提升技能。當程式設計師想要更加了解一段程式碼或某一特定程式時，往往會開始修修補補。正如程式設計師暨開放原始碼提倡者艾瑞克．雷蒙所說的，駭侵的信條就是「創造、檢測、除錯和記錄變化」。

至少在科技圈，駭侵已經成為一種非常流行的方法，現在甚至有駭客大賽、駭客培訓課程及駭客大會。許多駭客空間跟舊車庫沒什麼差別，但也有一些相當正式——我就參觀過一個駭客空間，那裡看起來像個高檔兒童博物館。

就像學習中的許多部分一樣，過程是關鍵。磨練一項技能往往需要一種覺察，如果沒有太多背景知識和專門的支援，駭侵就會像是沒有引導、沒有計畫的學習，你根本不會有太多收穫。缺乏深入的知識和大量的預先練習，人會迷失在細節裡，被認知負荷壓垮，學習效果自然很差。但有了知識儲備和精心引導，駭侵就可以磨練技能。這是思想實驗的實踐版，是把科學方法應用到一個專業領域，使其內在關連更清楚的途徑。

為了深入了解這個方法，我們以臉書為例。

隨機測驗20

從一段文字中學到新東西最有效的方法是什麼？

A. 圈出文字中的關鍵點。
B. 重複閱讀文字中相關的部分。
C. 依據文字內容做個非正式的小測驗。
D. 用螢光筆標出文中的重要概念。

臉書爲新進工程師開發了一套駭侵課程，爲期六週的課程旨在讓新人可以盡快上手改進公司的軟體。課程開始一、兩天後，工程師就開始改進臉書這個社交網絡的軟體了。

公司鼓勵新人去尋找漏洞、開發新的應用程式和更好的軟體。每個人都在運行中的系統演練，如果哪裡搞錯，整個社交網絡就可能癱瘓，造成更新和交友邀請失敗。這種情況還眞發生過，當時一個新進工程師把幾百萬人正在使用的一項服務弄「癱」了。這個故事到今天還經常被提及，用來說明臉書這家公司有多支持透過這種聚焦式的試驗學習。

澄清一下，這樣的「新兵訓練營」並不教導程式設計的一般技能，因爲大多數成員都有相當豐富的軟體設計經驗；相反地，新人主要是以臉書的特定程式碼爲工具來磨練自己的程式設計技能，並學習這家公司處理問題的方式。

「我認爲新兵訓練營教工程師的，不僅是我們如何寫程式、如何打造系統，還教導他們以我們公司特有的方式應對挑戰。」臉書公司的喬爾・塞利格斯坦曾經這樣告訴記者。

臉書創辦人馬克・祖克柏還採用了其他辦法把駭侵融入企業文化。現在，這家公司有個「測試架構」，可以讓員工在不影響社交網絡運行的情況下用公司的程式碼做實驗。此外，臉書每年還會在公司舉辦幾次駭客大賽。祖克柏說，公司的座右銘之一就是「快速行動，打破陳規」，對那些具備一些背景技能的人來說，這是一個了解某一專業領域內在系統的珍貴途徑。

將某一專業領域的系統以圖形呈現，可以讓人收穫更多

還有另一種了解某一專業領域內在系統的方法——**視覺化**。

這個方法是約翰．維恩不可磨滅的貢獻。維恩是十九世紀晚期劍橋大學的一名教授，一絲不苟，喜歡詳細的清單和嚴謹的設計。身爲業餘工程師，維恩創造了第一部板球發球機，可能還是唯一讓澳洲國家板球隊的隊員出局的哲學家。

維恩對邏輯的錯綜複雜非常著迷。邏輯通常是以三段論爲中心，而經典的三段論當然是這

隨機測驗21

你應該根據下面哪一項量身打造自己的學習？（複選）

A. 學習風格（視覺型、聽覺型等）

B. 先前習得的知識

C. 興趣

D. 能力

E. 左腦主導或右腦主導

一個：

所有人終有一死。

蘇格拉底是人。

所以，蘇格拉底終有一死。

在一八八一年出版的一本書中，維恩爲三段論添加了一個重要變化，主張以視覺化方法呈現三段論（維恩圖，或稱文氏圖），也就是不以文字描述某一邏輯，而是用圓圈呈現。維恩認爲，人們都需要視覺上的輔助，所以針對上面那個三段論，其維恩圖會是下面這個樣子。

對學習來說，維恩圖強調了一個重點：將某一專業領域的系統視覺化，以圖形呈現，可以讓人有許多收穫。當我們看見以圖形呈現的相關專業知識時，往往會有深入的理解。

概念圖是個很有用的例子。概念圖是維恩圖的遠親，提供了一個透過圖解形式理解知識的途徑。爲了認識概念圖，以及

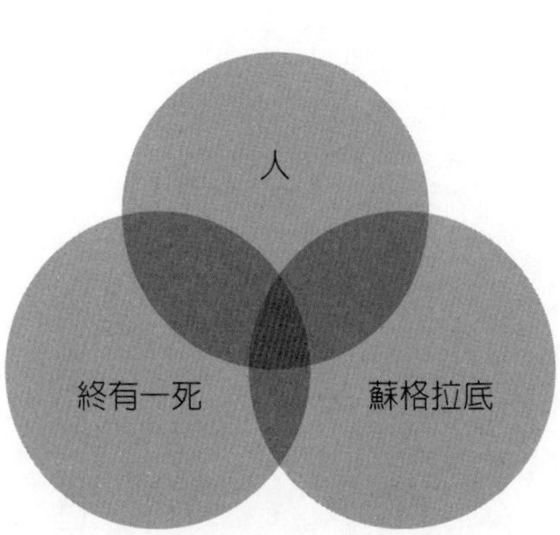

三段論示意圖（維恩圖）

它如何促進系統化的理解，讓我們回到約翰・維恩本身。

先來看看這位英國哲學家的生平簡介：

約翰・維恩生於一八三四年八月四日，因為發明維恩圖而廣為人知。在職業生涯的早期，維恩協助推廣了喬治・布爾的邏輯相關著作，這部著作成為電腦程式設計的基礎。維恩曾擔任劍橋大學的講師，發展出一種概率論——稱為「頻率理論」——現在幾乎每個統計學家都會用到這個方法。維恩死於一九二三年四月四日，二〇一四年，Google曾在公司首頁張貼一幅維恩圖，紀念這位英國哲學家。

來看看上述內容用概念圖呈現會是怎樣（見下圖）。

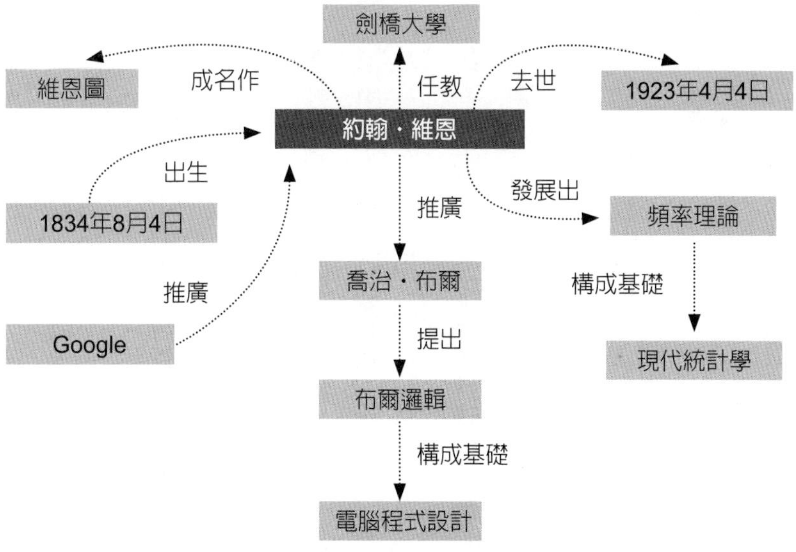

約翰・維恩生平簡介概念圖

比較這兩種了解維恩生平的方法，概念圖明顯更能幫助人們理解事件之間的關係。例如，概念圖顯示邏輯和電腦程式設計這兩個領域有相似的歷史根源，並且讓人很容易看出維恩不是個曇花一現的學術奇才，他的著作也協助開拓了電腦科學領域。

然而，在文字版的維恩生平簡介中，這些關連比較不清楚。文字的線性特質讓人很難看到這些交織在一起的關係，我第一次在百科全書裡讀到這些內容時，當然幾乎沒有注意到這些關係。

教育心理學家肯尼斯‧基拉研究各類概念圖多年，他認爲圖解組織圖主要的好處之一，是可以顯示出一個知識領域更深層的內在關連。「圖解組織圖幫助人們把片段資訊整合在一起。」基拉告訴我。

在他自己的生活中，基拉一直都在使用這種學習工具。工作的時候，他會把圖解組織圖用在任何一項寫作或研究計畫；在家裡，他常常依靠圖解組織圖做重要決定，最近還利用概念圖幫助兒子選大學，「結果會自動跳出來。」基拉告訴我。

科技對概念圖這樣的圖解呈現形式大有幫助。造成我們資訊超載的科技工具，往往也能幫助我們找到脫離資訊超載的出路。

針對這一點，《大西洋月刊》的記者詹姆斯‧法羅斯提供了很有用的建議。身爲美國最受尊敬的記者之一，法羅斯經常使用資訊管理軟體，一直以來都很推崇一款繪製概念圖的軟體——Tinderbox。這個工具可以幫助使用者管理檔案，在不同的領域和主題之間拉出連結，法羅斯稱它爲「思考輔助軟體」。

作家史蒂芬．強森則是檔案管理軟體 DEVONthink 的擁護者。他認爲這款軟體提供了「連結能力」，可以幫助他發現此前看不見的關連。強森在使用 DEVONthink 的時候，「比較大的概念會以這款軟體爲我組合起來的種種關連爲基礎，在我的腦中成形。」

至於我自己，則已經成爲寫作輔助軟體 Scrivener 的忠實擁護者。在我看來，這款寫作軟體採用了一種繪製概念圖的方法，提供了一個虛擬軟木板，以及一個更能建立連結、形成網絡的管理系統。毫不意外地，法羅斯和強森也使用這款軟體寫作。我和法羅斯的做法比較像，只在進行比較大的項目，例如寫書時，才會使用這款軟體；換句話說，它在處理大量文字上面比較能顯現優勢。

最後一點很重要，因爲如果掌握大量資料或數據，我們就需要強大的工具來幫忙整理。假如有很多樹木，我們會需要某項工具以搞清楚這麼多樹木是如何彼此連結形成森林的。這也是爲

隨機測驗22
年輕學生如果用手指「比畫」一道數學題，會學到更多。是或否？

什麼我們必須了解事物之間的關係，因爲這些關係最終可以幫助我們學習。

類比的價值

類比可以驅動關連性思考

這一章到目前爲止，我們聚焦於「關連」，藉由尋找更深層的系統找出各種提升學習效果的方法，例如交叉練習，以及可提供深層理解的駭侵。

這些都很重要，但我們忽略了某樣東西；說得更具體一點，我們遺漏了一個了解知識與技能如何相互關連的方法——這就將我們帶向了**類比**，亦即透過比較來學習的方法。也就是說，關連性思考有個驅動力，這個驅動力就是類比思維。

誠然，類比看起來也許有點深奧難懂。它往往讓我們想起智力測驗（鳥巢之於鳥，有如狗窩之於______），或是古怪的措辭，例如比喻長幼有序、先來後到的「啄食順序」這個說法。不過，類比的確是理解關連、掌握思想系統的核心，可以幫助我們解決新問題或長期存在的問題。

讓我們以馬格利奧齊兄弟——湯姆和雷——的故事爲例。

多年來，他們兄弟倆一直在波士頓主持一個討論修車的廣播節目：《汽車那些事》。在節目中，兄弟二人就像上數學課時坐在後排的兩個青少年一樣，喋喋不休地聊天，開開彼此的玩笑，說些一語雙關、甚至三關的俏皮話。

「千萬別像我兄弟那樣開車。」湯姆會這麼說。

「不不不，千萬別像我兄弟那樣開車。」雷馬上回敬道。

在插科打諢中，兄弟倆順便解答了聽衆的汽車問題。比方說，有一天，一位名叫瑪麗·高登·史本斯的女士從德州打電話來，她說每次踩煞車時，她那款馬自達丘比特休旅車都會發出很大的吱吱聲。「是一種尖細的單音。」史本斯女士告訴馬格利奧齊兄弟。

兄弟倆聽完，馬上宣稱：「你動力煞車的眞空倍力器有問題。」

這令人印象深刻，因爲馬格利奧齊兄弟從來沒看過史本斯女士的車。他們不知道史本斯女士的馬自達是不是在漏油、是不是正時皮帶太老舊，或者是不是散熱器生鏽了。然而，兄弟倆還是設法解決了問題。

這是怎麼做到的？他們用了什麼心智訣竅來解決這個問題？

想知道答案，就要談談類比了。馬格利奧齊兄弟因爲無法實際檢查那輛馬自達，便在腦中做了比較：他們回想自己碰過的煞車時出現吱吱聲的馬自達車或相似車款；簡言之，兄弟二人想到了可相比擬的類似狀況。

任何仔細聽過這個節目的人都會發現，這個方法經常出現。當馬格利奧齊兄弟在節目上協助一名女士解決她的老速霸陸汽車的生鏽問題時，他們談的是自己的老車上面的鏽；有人從非洲打電話來，他們就討論自己去非洲的經歷；有人說自己的電動絞機故障了，他們就開始描述自己遇過的類似問題，宣稱「你說的狀況和我們當時碰到的問題完全符合」。

某種程度上，類比看起來只是另一種關連性思考，但談到學習時，這個方法不止於此。類比的核心是比較，說得更確切一點，類比讓我們找到相似點與差異處，幫助我們了解新事物或不同的事物。接下來我們就會發現，類比是很強大的學習工具。

類比這樣幫助學習

爲了認識類比如何幫助學習，我們先思考一個已經被充分研究過的問題：

想像你是個醫生，某天早上，一名胃部有致命腫瘤的患者來到你這裡。她的問題不能靠手術解決，因爲會失血過多。幸運的是，你的同事最近研發出一種殺滅腫瘤的射線——姑且稱之爲「Vapor3000」——只要長時間照射一次，腫瘤就會消失。

但是，有個關鍵阻礙：如果以最大劑量發射這種殺滅腫瘤的射線，胃部周圍的組織，如大小腸、肝臟、結腸也會被消融掉。換句話說，你不能用高劑量一次解決問題；但如果用低劑量，根本動不了那顆腫瘤。以低劑量照射一次是不夠的。

你該怎麼辦？

過去四十年來，心理學家基斯．霍利約克問過數百人這個問題。事實上，這個問題定義了他的職業生涯，而問題的答案跟一個叫「聚合」的概念有關。具體來說，最好的辦法就是以低劑量從不同角度同時對腫瘤發射 Vapor3000 射線，讓放射線在腫瘤上聚合。

有很多方法可以幫助人們得出這個結論，而具備工程學背景的人比較容易想到這個解決辦法。這完全是「知識效應」。當然，別人的建議也很有幫助。如果有人，例如霍利約克給點提示，人們會更有可能找到答案。

不過，霍利約克幾十年來讓我們看到的是：類比是幫助人們學習的絕佳方法。提供與答案相似的事物，會戲劇性地提升人們解開難題的能力。霍利約克四十年前就用腫瘤問題證明了這個事實，而隨著時間過去，支持他這個論點的證據也越來越扎實。

最近，霍利約克讓一些受試者看了一段動畫，這段動畫描繪了一個解決腫瘤問題的類似辦法：許多枚大砲圍成一圈，對著一座城堡開砲。看過這段影片後，人們更有可能提供解決腫瘤問題的正確方案。「這種連續式表述迫使人們用類似情況來思考。」我到加州大學洛杉磯分校拜訪霍利約克時，他這樣告訴我。

類比的部分好處，是可以幫助我們理解新的概念和想法，讓人得以了解他們不很熟悉的事物。就像我們可以利用拉丁語來理解義大利語，或是用西班牙語幫助掌握葡萄牙語一樣，人們可以透過類比了解新事物。

企業都明白這個道理。許多新創公司會拿Uber來打比方，幫助解釋他們的新產品或新服務。一家叫「藍圍裙」的公司把自己稱作「高檔餐飲的Uber」；一家乾洗公司則被稱爲「乾洗業的Uber」。其他還有理髮業的Uber和接送孩子服務的Uber。

市場行銷也差不多，例如美國州立農業保險公司鏗鏘有力的廣告語就善用比喻：「州立農業保險公司，親如近鄰。」政客也對這種類比方法樂此不疲，作家約翰．波拉克在其著作《捷徑》中說，政策制定者用棒球規則中的「三振出局」爲比喻，來宣傳俗稱「三振法」的「暴力犯罪控制暨執行法案」的概念。

你還可以把類比視爲發明之母。類比可以創造出意料之外的連結，創意歷史上就有許多類比的例子。古騰堡看到葡萄壓榨機之後，發明了印刷機；萊特兄弟研究飛鳥，最後發明了世界上第一架飛機；推特一半像手機簡訊，一半像社交媒體。

就這一點而言，類比充當了兩種想法或概念之間的橋梁。例如，大多數人都知道戲劇《羅密歐與茱麗葉》，用它作類比來解釋音樂劇《西城故事》會更容易理解：《西城故事》就是發生在一九五〇年代紐約市的《羅密歐與茱麗葉》。

另一個例子是C．S．路易斯的小說《獅子．女巫．魔衣櫥》，想要解釋其劇情，一個很簡單的方法就是把這本書比作奇幻小說版的《新約聖經》。《末路狂花》是女星蘇珊・莎蘭登在一九八〇年代主演的賣座電影，她的介紹非常恰當：「這是一部女性主演的西部牛仔片。」

作爲提升理解的一種手段，類比時需要注意一下。霍利約克建議，人們應該以自己很清楚的事物作爲類比來源，例如「心如刀割」之所以是個適當的成語，是因爲大家對「刀」很熟悉。此外，利用類比來理解某樣事物時，也應該把兩件事或兩個概念之間確切的相似之處描述出來。以前面提到的腫瘤問題爲例，根據霍利約克的說法，類比事物即使不能一起呈現，如果可以緊接著呈現，人們會更容易想到解決問題的辦法。

當然，類比並非總是有用。有時候，事物之間並沒有太多相似點——例如美國總統與一串汽車鑰匙之間，或是一條金魚與吉力馬札羅山之間，就很難建立有力的連結。

然而，即使弱類比也有它的作用。有些喜劇演員，例如史蒂芬・萊特，就是靠著玩弄類比建立自己的事業。「這個世界很小，但我也不想要幫它刷油漆。」萊特曾經這樣說。喜劇明星傑瑞・史菲德也差不多。「我是婚禮上最好的人[1]，」他有一次如此說道，「那如

隨機測驗23

學習的時候，應該拉開每次學習之間的間隔。是或否？

果我是最好的，爲什麼新娘要嫁給他？」

馬格利奧齊兄弟也是。在瑪麗・高登・史本斯第一次打電話來請教馬自達休旅車的問題之後不久，兄弟倆也打了電話給史本斯女士，他們想確保自己提供了正確答案。

「所以是煞車眞空倍力器出了問題嗎？」馬格利奧齊兄弟問道。

「要是你們解決不了問題，我肯定不會打電話給你們。」史本斯女士說，「你們說得太準了，眞的太準了。」

不過，史本斯女士有一件事要「抱怨」：沒有了煞車的吱吱聲伴奏，她就不能邊踩煞車，邊唱〈鈴兒響叮噹〉了。「我現在開車無聊死了。」

馬格利奧齊兄弟大笑起來，然後，他們想到了一個類比，一個解決問題的新訣竅：

「建議你下次開車帶把口琴吧！」

類比可以讓不同概念或事物之間的區別更明顯

類比之所以是有效的學習工具，在於它讓我們提出一組特定問題：這兩者的相似之處是什麼？不同之處是什麼？爲什麼兩者可以互相比較？

換句話說，類比幫助我們理解「分類」，促使我們去思考分組，以及構成一個組的是什麼。例如，當人們說蘋果和柳橙都是水果時，其實就是用到了類比思考。他們把蘋果和柳橙的屬性相匹配——兩者都有籽，都長在樹上，都有果肉——然後宣告它們都是水果。

再以狗爲例。阿拉斯加雪橇犬和巴哥犬看起來一點也不像，但把牠們都叫作狗，我們覺得一點問題也沒有，因爲我們明白把這兩種動物連結在一起的相似之處：牠們都是有鼻子、有尾巴、有腿、有利齒的社會性哺乳動物。

前面在討論羅伯特・哥德斯通的研究成果時，我們就接觸到了相似點與差異處的價值：人們應該交叉學習的原因之一，在於這樣做促使人們去思考共通性。具體來說，如果接觸過各式各樣的水果，我們對水果這個類別就有更深的了解；同樣地，假如看過許多不同的狗，我們對狗這個類別就有更深的認識。

類比有助於讓不同概念或事物之間的區別更明顯，提供了一種「比較（尋找相似處）與對比（尋找差異）」的學習方法。再以廣播節目《汽車那些事》爲例，乍一看，這個節目非常創新，至少對美國公共廣播電臺來說，這種搞笑風格和實用主題確實非常具革命性。然而，做個比較就可以看出，《汽車那些事》是美國公共廣播電臺節目歷史的自然發展。例如，在《汽車那些事》之前，公共電臺有過蓋瑞森・凱勒主持的《牧場之家好作伴》，這個節目也是一部分爲音樂喜劇，一部分是社會評論。

另一個例子是本章開頭討論過的愛因斯坦。當我們把愛因斯坦與其他的偉大物理學家做比較時，會學到很多東西。藉由看見相似點與差異處，人們會更敏銳地意識到某一事實或概念的深層特徵。例如，跟其他頂尖物理學家相比，愛因斯坦不怎麼專注於數學。與愛因斯坦同時代的物理學家保羅・狄拉克提出了後來以他的名字爲名的方程式，但愛因斯坦對數學沒那麼熱中。而與他的許多同儕比起來，愛因斯坦對社會正義問題更感興趣，並且更有冒險精神。

對「比較與對比」的價值還心存疑慮？那麼，來看看針對某一商業訓練課程進行的一項研究。

在那個商業訓練課程中，一群經理人和有志成爲經理人的人被聚集到一個房間裡。跟許多商業研習班一樣，每個人都拿到一包訓練教材，裡面有一些案例，而這群經理人應該要研讀這些案例。

他們要學的是權變契約，這在商務談判中往往很有用，因爲當一份合約以某些行爲或結果爲條件時，合約雙方通常會有更多彈性。但是，出於種種原因，人們一般很少在實際的商務談判中採用權變契約。大家都沒有意識到這種合約——或者只是不了解。這個訓練課程的目的就是要解決這個問題，參加訓練的每個人在開始以角色扮演的方式進行談判之前，都要先讀過訓練材料。

有幾個心理學家在監督這個訓練，並且在課程中加進一項小調整：一半的受訓者只須「描述」每個案例，另外一半的人則要「思考這些案例的相似之處」。

調整幅度非常小，其實只有幾個字的差別而已，但提示受訓者去做比較的效果非常明顯。這個提示促使人們採用「比較與對比」這個方法，結果顯示，第二組使用權變契約的可能性幾乎是第一組的兩倍，而且對這種合約的根本概念有更充分的了解。

德瑞・根特納是研究談判訓練的心理學家，我與她最近在一家會議飯店的走廊碰面聊天。當我提到我對類比的興趣時，根特納興奮地指著我說：「如果我們一再看到同樣的事物，就有理由開始行動；但如果你沒有看見更多相異的事，那最好一輩子待在同一個小村子裡別出來。」

「但類比好難。」我反駁道。

根特納點點頭，說：「不過，類比也是讓你走上知識征程的力量。」

類比是推理的驅動力

談到學習時，類比還有一個重要作用：幫助我們進行更深層的推理。

達特茅斯學院的柯嬌燕教授幫助我理解了這個觀點。在課堂上，柯教授有時會故意安排錯誤的書和文章，有時會給學生一些充滿瘋狂想法和荒誕概念的文章。上她課的學生會觀看主張金星曾經險些撞上地球的紀錄片，或者必須閱讀主張早期埃及人促成了古雅典許多成就的雜誌文章。

多年前，當我選修柯教授的課時，覺得這一切眞有點荒謬。那時我二十出頭，是個大四學生，柯教授安排我們讀一本叫作《聖血與聖杯》的書。這本書寫於一九八〇年代，裡頭說耶穌的後代試圖透過一個包含現代版聖殿騎士團的祕密團體網絡，控制整個歐洲。

但是，我們不能簡單把這本書歸爲怪異的陰謀論，然後拋在一旁，柯教授要求我們搞清楚這本書的觀點哪些正確、哪些錯誤；換句話說，她要學生透過推理釐清這本書的主張。結果我們發現，這本書有些內容其實是正確的：聖殿騎士團確實存在，後來法蘭西國王宣稱這個組織不合法，將其領導人綁在火刑柱上燒死了。

不過，我們還須指出書中的錯誤。《聖血與聖杯》充滿站不住腳的邏輯，例如作者在書中提出，如果耶穌和抹大拉的馬利亞互相認識，那麼他們會育有子女，但沒有任何證據顯示這兩個人結了婚。此外，也沒有一丁點證據支持耶穌和馬利亞的後代至今還活著，忘了曾經計畫要控制整個世界。

對我來說，柯教授的教學法及學習方法，眞的太與衆不同了。在我以前上過的課裡，事情不是對就是錯，不是眞就是假，但在柯教授眼中，這個世界並不是那麼涇渭分明，學習也不是僅有對錯那麼簡單，學生必須學會自己做出解釋。她想讓我們學著推導出答案，學著比較不同的思路，學著進行類比思考。「那個課程的核心就是推理，是把各種推理方法視爲一個學習目標。」

柯教授最近告訴我。

在許多方面，柯教授課堂上那本書播下了種子。那門課激發了我對人們如何習得有效思考技巧的高度興趣，但更重要的是，它強調了類比的決定性好處之一：**類比是推理的驅動力**。由於比較是任何一種概念的核心，所以會促進邏輯推理。正如認知科學家侯世達所主張的，類比是「思考的燃料和火焰」。

我們可以提升自己進行這種推理的能力，類比思維能幫助我們認識錯誤的本質。以「過度類化」——或者說以偏概全——為例，過度類化是常見的錯誤，基本上就是類推過頭了。如果

隨機測驗24

一個學生解答了一道數學題，爸爸稱讚了他。下列哪種稱讚方式最有利於鼓勵孩子將來去解決難題？

A. 你一定非常聰明。

B. 你一定非常努力。

C. 你有個適合學數學的腦子。

D. 數學對你來說一定很簡單。

你開車不走某一條路，僅僅是因爲你在那條路上出過車禍，這就是一種過度類化，一種弱類比。

同樣地，我們必須去思考假設。我們經常會提出一些引導性問題，或是基於某個毫無說服力的前提進行推理。許多觀點——和類比——都有這樣的問題。例如，有人主張既然外面那麼冷，全球暖化這件事一定是個迷思。這裡有個沒有說服力的假設：周遭溫度是判斷全球暖化的可靠依據。

然後，還要衡量事實。這就是《聖血與聖杯》那本書——以及大部分陰謀論——的主要問題之一。例如，在《聖血與聖杯》中，作者認爲既然耶穌與抹大拉的馬利亞互相認識，那他們一定結婚了，而且育有子女。

但是，這個論點把兩項非常不同的行動——相識和結婚——混在一起了，而談到形成結論、談到創造扎實的類比，我們必須小心衡量事實的可靠程度，不能過度重視某些事。

如同學習中的其他所有因素，「知識效應」有其作用。認知科學家丹尼爾・威林漢和其他許多學者都認爲，在某一主題領域外很難講授這類推理技巧。在學習中，一定是先有內容，才會談到內容裡的種種關連，但最終，如果我們沒有學到某一主題裡的思考技巧，那我們其實沒有學到東西。

透過解決問題來學習

在知識的相互關連中發現問題的本質

在本書中，我們多次談到解決問題的方式有助於學習。在前一章，我們提到高科技高中的學生利用問題來學習數學和科學；而在這一章，我們把科學流程視爲磨練自身技能的方法，並且看了史蒂夫·布羅德納的插畫課，以及臉書的駭客大賽新兵訓練營等例子。

然而，有一件重要的事我們還沒有處理。我們必須採取更能建立關連的學習方法，必須把自己學到的東西連繫在一起——這是解決問題的實際技巧。

這件事之所以重要，有兩個原因：首先，解決問題本身就很重要，我們經常要學習解決問題的技能；其次，如果掌握的知識相互關連，我們更有能力解決問題。了解某一領域的內在系統可以幫助人們在不同的環境中運用自己的知識，而最終，解決問題可歸結爲一種類比推理。

急診醫學博士格普利特·達利瓦針對這個觀點提供了一個案例。達利瓦被稱爲解決醫學問題的「超級巨星」，學術期刊經常請他介紹他診斷時的思考方式，他目前在美國一家頂尖醫學院教臨床推理。

不久前，我和達利瓦約在一家飯店的大廳見面。他積累了幾十年的執業經驗，對各種疾病瞭若指掌。他知道休格倫氏症的典型症狀——嘴裡乾得像充滿鋸木屑；如果某人體側痛得像刀割，他會考慮闌尾炎、腎結石之類的常見疾病，但也會考慮比較鮮爲人知的病，例如腎缺血。

然而，單靠知識還是不夠，顯而易見的原因就是症狀不一定與疾病相符，教科書上的例子似乎只能在教科書裡找到。例如暈眩，可能是嚴重疾病的信號，也可能就是睡眠不足。疲勞或胸痛也一樣，可能代表心臟遭受壓迫，也可能是令人焦慮的壓力造成的。「眞正棘手的是，你很難分清楚哪些是眞正的信號，哪些是干擾訊息。」達利瓦告訴我。

脈絡或背景在此扮演重要角色，患者的病史也是。如果是成年人，背部疼痛可能沒什麼大不了；但若是小孩子，背痛可能是癌症之類致命疾病的徵兆。再舉另一個例子：如果被推進急診室的那個人養了一隻鸚鵡當寵物，列出來的可能疾病清單會截然不同，因爲鳥類很容易傳播肺部疾病。

那麼，重要的就是把症狀與一個診斷結果相匹配，創造疾病與疾病的症狀之間的連結。達利瓦認爲，這可能是醫學領域最重要的技能。這個做法可歸結爲尋找關連，識別模式。「診斷常常是個配對練習」達利瓦說道。

爲了更加了解整個運作過程，我曾經觀察達利瓦解決一個令人困惑的病例：一名咳血的老年患者。那是在一場醫療會議上，達利瓦站在會議室前面的講臺，另一個醫生——約瑟夫・科夫曼——負責提供詳情。

有一天，一個叫安德烈亞斯的人被送進急診室，他已經不能順暢呼吸了。安德烈亞斯當時有點發燒，近期體重還降了很多。

在診斷過程的開始階段，達利瓦建議大家用一句話描述問題。「這就像在Google上面搜尋，」他說，「想要有準確的搜尋結果，你需要有相關性且可簡潔概括的關鍵字。」以這個病例來說，就是：六十八歲的老人，咳血。

達利瓦在診斷過程的早期階段也做些嘗試性的推論，以協助引導自己的思考。在安德烈亞斯這個病例中，達利瓦覺得也許是肺部感染，或者，也許是自體免疫問題。

不過，還沒有足夠的資料或數據來支撐任何可靠的診斷結論，達利瓦只是在蒐集資訊。他陸續拿到了胸部X光片、人類免疫缺乏病毒等檢驗結果，而每項檢驗報告（證據）進來時，達利瓦都會考慮各種不同情形，並用不同的方式把這些資料組合在一起，看看是否符合與這個病例有關的不同推測。「診斷過程中，我們有時候要試著整合，有時又要試著切開。」他說。

例如，發現安德烈亞斯去過迦納時，達利瓦眼睛一亮，這意味著安德烈亞斯可能患上了一種罕見疾病，如伊波拉病毒出血熱。達利瓦接著又發現，安德烈亞斯曾在化肥廠和鉛蓄電池工廠工作過，於是他的腦子快速思考著每一種不同的情形。工廠的工作經歷說明安德烈亞斯可能暴露在有毒的化學物質裡，看起來，重金屬鉛之類的有毒物質也許是安德烈亞斯疾病的根源。

達利瓦手裡有幾項有力證據支持鉛中毒的推測，其中包括在實驗室檢驗中發現的異形紅血球。但達利瓦認爲，從所有的症狀來看，這個診斷依據仍然不夠充分。「我就像到法院出庭的律師，」達利瓦說，「我需要證據。」

在診斷進行的過程中，安德烈亞斯的病情加重了。達利瓦發現一個新的細節：心臟有一顆瘤。這就把可能的診斷結果轉到另一個不同的方向了：有毒化學物質這個觀點出局，因爲鉛中毒不會刺激心臟長出瘤。

後來，達利瓦終於發現一個模式，讓他在自己所知的疾病中找到符合安德烈亞斯症狀的類似情況。他下的診斷是心臟血管肉瘤，也就是心臟癌。這解釋了紅血球數、心臟裡的腫塊，以及咳血的症狀。「診斷往往可歸結爲把各種情況兜在一起的能力。」達利瓦說道。

接下來，他們對這名患者的心臟進行切片檢查，結果證明達利瓦的診斷是正確的。事後，十多名醫生圍著達利瓦追問一些問題。「你沒想過他的肺部可能有血紅素方面的問題嗎？」一個醫生問道。

幾分鐘後，人們陸續散去，達利瓦想著他該怎麼去機場：是透過Uber叫車，還是搭計程車？這是另一個要解決的問題，最後他決定選擇Uber。Uber的車很可能比較便宜，但一樣舒適——這是最適合眼前這個問題的解決方案了。

適用於許多領域的波利亞四階段解題法

跟學習本身很像，解決問題是一個過程、一個方法。這個觀點最早是由波利亞・哲爾吉提出來的。波利亞是匈牙利裔數學家，生於二十世紀早期，是那些重要卻難以捉摸的歐洲人其中一個。厚厚的眼鏡後面目光犀利，讓波利亞看起來就是個古怪的學究。他的個性確實十分古怪，曾經因爲動手打了另一個學生而被一所大學開除。

年輕時，波利亞就以一系列突破性的論文革新了機率領域。數論則是他的另一個專長。而多年來，波利亞還發表了有關多項式和組合數學的重要論文，最終產生了五個以波利亞名字命名的理論。許多人認爲波利亞是二十世紀最偉大的數學家之一。

他在六十多歲、仍在史丹佛大學任教時，把研究重心轉向解決問題的方法。他想要規畫出針對任何一種問題的「解決方案的動機與程序」。最後，他提出了一個分成四階段的系統化方法：

隨機測驗25

想要真正學會某一主題，你必須知道這個主題內的各種事實。是或否？

第一階段：了解問題。在這個階段，人們應該找出核心概念或問題的本質。「你必須了解問題。」波利亞認爲，「未知的是什麼？有哪些資料？」

第二階段：擬定解題計畫。在這個階段，人們要詳細提出自己要如何解決問題。波利亞建議：「找到資料與未知事物的關連。」

第三階段：執行計畫。這個階段關乎實際執行，然後檢查：「你能證明這是正確的嗎？」

第四階段：驗算與回顧，或者說是「從解決方案中學習」。波利亞認爲，藉由再次檢查結果和獲致結果的那個途徑，人們可以鞏固自己的知識，提升解決問題的能力。

波利亞的方法具有開創性，此前沒有人針對「解決問題」這件事專門做過研究，希臘人沒有，羅馬人沒有，早期的哲學家，如霍布斯或孔子，也沒有。六、七家出版社都認爲波利亞的研究很另類，客客氣氣地拒絕出版他的研究成果。

這本《怎樣解題》最終找到了一個出版商，賣了一百多萬冊，而波利亞解題技巧的適用範圍遠遠超出數學領域。例如在醫學領域，這個解決問題的過程就被普遍採用，格普利特・達利瓦在診斷安德烈亞斯的心臟癌時，多多少少就採用了波利亞的方法。

比方說，達利瓦的「Google 搜尋」比喻，就很像波利亞方法的第二階段。而達利瓦建議醫生們去研究一種疾病，以複查細節，基本上就是波利亞方法的第三階段。「這就好像去造訪維基百科一樣，」達利瓦告訴我，「你想要更新你的知識。」

在工程學這樣的領域，波利亞的策略則演化爲所謂的「設計思考」，而這種方法受到了社會科學領域的偏愛。史丹佛大學教授博納德・羅斯專精於設計思考，而談到解決問題，他認爲人們應該「設身處地」地思考，問問自己：「如果是我面臨這個問題，我該怎麼解決？」

這類方法在解決問題方面有驚人效果。《紐約時報》的健康專欄作家泰拉・帕克柏相當挑剔，對醫學領域的發展趨勢投以苛刻的目光。她曾經揭穿各式各樣的流行做法及一些公認的大衆科學智慧，證明「爭吵有利於婚姻和諧」之類的。

不過，當她決定把設計思考應用在自己的體重問題上時，帕克柏看見了明顯的作用。她首先致力於理解問題（波利亞方法的第一階段），最終得出一個結論：她的體重問題要歸咎於社會連結、睡眠及飲食問題。「減重其實不是我該關注的問題，」帕克柏說，「我反而必須把焦點放在我跟別人的友誼上，並且提升自己的活力，以及改善睡眠。」

針對這些具體問題，帕克柏擬定了解決方案（波利亞方法的第二和第三階段）。她減少攝入小麥製品，下午就比較不會因爲吃太多碳水化合物而疲倦。她還有意識地增加睡眠時間，此外，朋友也成了她的第一優先。最後，帕克柏成功減掉了約十一公斤，還爲報紙寫了一篇分享減重經驗的文章（波利亞方法的第四階段）。

在解決問題方面還有其他重要方法。有些研究指出，問自己問題的人比不問的人更能有效地解決問題。例如，可以問問自己：有足夠的證據嗎？相反的論點是什麼？同時，我們必須思考自己的推理過程：我有沒有被不嚴密的邏輯騙了？我有沒有被任何偏見影響？

確定優先順序也很重要，在醫療或汽車維修等領域，有些問題就是比其他問題緊急得多。如果有人必須在軍事戰鬥中解決一個問題，首先要保障的是自身安全。這也是爲什麼空服員會告訴乘客，在緊急情況下若想幫助別人，自己應該先戴上氧氣面罩。如果自己都無法呼吸，根本不可能幫助他人。

史丹佛大學心理學家丹尼爾・史瓦茲指出，在解決問題失敗時，人們必須馬上嘗試其他辦法。解決問題的高手懂得在方法行不通時嘗試不同的策略，史瓦茲說：「我們必須自己給自己回饋意見。」

成功解決問題還有賴於本書討論過的許多東西。我們必須設定目標、制定計畫，必須掌握背景知識，然後把計畫付諸行動。此外，我們還須對不同觀點進行壓力測試，尋找關連與類比，運用概念圖之類的輔助工具，最終找出模式與系統。

此外，波利亞還提到了回顧的價值，亦即回頭看，重新思考當時提出的解決方案。這個概念是波利亞解決問題策略第四階段的核心內容，也是本書下一章要討論的問題。

①英文「best man」意指伴郎，字面意思是「最好的人」。

第 6 章

對知識的回顧與反思

知識的學習，是一個持續變化的過程。過程中，我們需要學會回顧與反思，這是一種思維習慣，也是掌握專業技能的有效方法。溫故而知新，才是推動知識更新、反覆運算的終極法則。

過度自信會阻礙有效學習

康納曼是當代最重要的心理學家之一。因爲對人類心智偏見的開創性研究，他在幾年前獲得了諾貝爾獎。他與同事阿莫斯・特沃斯基一起，創立了行爲經濟學。如果你曾經讀過《誰說人是理性的！》《推出你的影響力》，或者看過電影《魔球》，這些作品在某種程度上都建立在康納曼的研究基礎之上。

幾年前，《衛報》的一名記者採訪了康納曼。採訪安排在倫敦一家酒店大堂旁邊的一個小房間裡。康納曼當時已經八十多歲，聲音低得幾乎聽不到。記者問了這樣的問題：人如何讓自己成爲更好的思考者？

「如果我有一根魔法棒，我最希望消除掉什麼呢？」康納曼斟酌著自己的話，「過度自信。」

康納曼的輕描淡寫彷彿顯不出這個回答的重要性。實際上，我們大多數人都有著過度自信的問題。我們自認爲比實際上懂得多，幾乎每個人都認爲自己比一般人聰明、比一般人漂亮、比一般人技藝高超。在工作中，我們總覺得自己比旁人工作效率高；在聚會時，我們總覺得自己比屋子裡的一般人更有魅力。

這種過度自信每個人身上都有。在政治領域，最典型的例子就是在伊拉克戰爭中，戰爭還遠遠沒有結束，戰艦上就已懸掛上「勝利完成任務」的標語。在商業領域，只有過度自信才能夠解釋那些爆炸性事件：美國線上和時代華納的併購案，或者房地產危機中雷曼兄弟公司的破產。在體育比賽中，拳擊手雷諾克斯·路易斯在贏得重量級冠軍以後，居然被街頭的無名小卒擊倒。

過度自信，最終會阻礙有效學習。當人們處於過度自信的狀態，就停止了學習。他們不會再進行練習，也不會繼續追問。在需要更加刻苦鑽研的學習方式上，過度自信尤其有害。一旦我們認爲自己已經懂了，就會馬上放棄繼續尋找知識內在關係的努力，更不會考慮知識和技能在不同場景下的運用。

過度自信，可不單單是影響監控學習進度或者後設認知方面的問題，而是停止了努力思考、停止了反省，不再努力把學習內化。正是這樣的問題引導我們關注學習的最後一個階段：對所掌握知識進行回顧反思的各種方法。

你知道抽水馬桶的運作原理嗎？我猜你會說「當然知道了」，因爲你每天都用抽水馬桶。

隨機測驗26

學生可以準確地評價教師的品質。是或否？

大多數人天天都用馬桶，甚至打開過馬桶後面的水箱蓋，看看截水閥門，或者撥弄撥弄連接杆。

所以，如果以一到十分回答上面的問題，評價一下你對抽水馬桶運作原理的理解程度：

一分：根本不了解。我不知道抽水馬桶的運作原理。

五分：中等了解。我對抽水馬桶的運作原理有基本的了解。

十分：專家級。我親自安裝過幾個抽水馬桶。

我猜一般人都會給自己五分或六分，也就是說，認爲自己比平均水準好一點，但並不熟練。

乍一看，心理學家雅特．馬克曼也覺得自己相當了解抽水馬桶的運作原理。馬克曼在《向專家學思考》一書中說，他記得小時候父母經常對他大喊別亂動馬桶。所以，當被問及有多了解抽水馬桶的時候，馬克曼最可能給自己打五分或六分。

然而有一天，馬克曼問了自己一些關於抽水馬桶的問題：水是怎麼從抽水馬桶流出去的？抽水馬桶下半部分隆起的那個部分是幹什麼用的？我眞的理解水是怎麼流入馬桶便池的嗎？那一刻馬克曼才明白，他自己對抽水馬桶運作原理的理解遠遠不夠，對抽水馬桶這個裝置也缺乏系統性的認識。

馬克曼對抽水馬桶運作原理的理解，是一種思維假像。他認為自己懂了，覺得自己解釋得清楚，但實際上，馬克曼無法清晰地描述這個裝置的組成，以及馬桶的運作原理，當然也不可能把抽水馬桶完全拆開再重新組裝回去。

這不是時間問題。馬克曼和我們一樣，完全有時間搞清楚鋪設管道的技術；他也不缺乏能力，因為他曾經是認知科學學會的執行董事。但到頭來，馬克曼還是高估了自己的能力。馬克曼在自己的書中寫道：「每次我看抽水馬桶運作的時候，實際並不清楚水是怎麼從水箱流到便池裡，又是怎麼散開的。」

讓我們來認識一種學習上的矛盾狀況：我們知道得越多，就越認為自己了解得更多。所以，掌握一點點知識，可不是有點危險那麼簡單，它實實在在地迷惑了我們。心理學家們對這個觀點研究了很多年，並給這個現象取了很多花哨的名字，如專家的盲點、流暢性偏好、解釋深度造成的幻覺等。

這些五花八門的名字最終都歸結為一個核心觀點：我們通常都認為自己知道的比實際的要多。我們高估了自己的能力，我們沒有認識到自己不知道的事情有多少。所以，你如果給自己有關抽水馬桶的知識打了六分，實際可能只有四分。

因此，**反思的第一課就是謙虛**。在我自己的研究中，我也發現了謙虛的必要性。我在一份調查問卷裡問：你是否能夠有效分辨出好的教學方式？如果人們對自己的能力有準確的認識，那麼答案應該是分成均等的兩部分——百分之五十低於平均水準，百分之五十高於平均水準。但問卷結果是，百分之九十的人認爲自己分辨良好教學方式的能力高於平均水準。

當然，這種自以爲是也有好處。如果沒有一點過度自信，大概就沒人會寫書或者出版研究成果了。自信也會提供一種激勵。在面試過程中，誇大自己在校平均成績的大學生，比起那些實事求是的學生，後來成績提高得更顯著。做這項研究的一個研究人員解釋說：「誇大成績的學生具有更高的奮鬥目標。」

承認「我不懂」畢竟是一件很丟人的事情，我對自己曾經的過度自信也很懊惱。這些年來，我曾經在馬路上讓騙子得手，也曾趕飛機記錯了日期。幾年前，我去加州議會演講，結果跑題太遠，以至一個議員半開玩笑地說：「很想挑戰你揍你一頓。」

造成學習中過度自信的一個原因是，熟悉程度較高。如果一個觀念過於得心應手、習以爲常，人們就有可能認爲自己對這個觀念理解深刻，即使事實未必如此。這就解釋了爲什麼我們對抽水馬桶這樣的問題過度自信——抽水馬桶隨時隨地可見；也解釋了爲什麼人對分辨良好教學方式過度自信——人看到的各種教育培訓太多了。我們還會在一些情況下過度自信，比如，看起來簡單平常的事情，就容易讓人覺得學起來更簡單；文章裡有大幅的圖片，人傾向於認爲自己能夠理解文中的內容；一位教授的課程讓學生著迷，人們就會認爲學生可以從他那裡學到更多的知識，儘管實際情況未必盡然。

學習的雙重詛咒和勝利病

我到德州大學拜訪雅特・馬克曼的時候，聽他講過另外一個例子：TED演講。TED是一檔被精緻製作的演講節目，演講的題材從雜耍到道德倫理都有。聚光燈下、鏡頭前面，總有很多動人的故事和戲劇化的時刻。許多TED影片的觀看次數超過千萬。

馬克曼認爲，從學習角度看，TED演講的弊端要大於好處。「問題不在於演講本身，」馬克曼說，「是我們使用這些演講內容的方式有問題。我們觀看了十五分鐘非常流暢的演講內容，然後就轉入下一個演講。」換句話說，TED演講看起來像一次學習的經歷：一個專家在聚光燈照射下的舞臺上演講，但是這些內容獲取得太容易，因此也會被輕易地忘記。

這似乎也不是什麼大不了的問題。那麼，TED演講採取精雕細琢的方式呈現一個話題會怎樣呢？誰會反感製作精巧的影片內容呢？然而，諷刺之處在於，**這類精雕細琢會阻礙我們的學習**。一些心理學家把這種現象叫作學習的「**雙重詛咒**」：如果你不知道自己是否正確，也就不知道自己是否錯誤；如果事情看起來輕而易舉，那麼學到的內容就相對較少，因爲如果事情看起來輕而易舉，人就會減少自己付出的努力。

在學習中，還有一個造成過度自信的因素，那就是過去的經歷。**過去的經歷，會影響我們在學習上的判斷**。如果我們化學考試總是考A，可能對化學考試投入的時間就不會很多，即使下一次考試可能比上一次難得多；如果我們經常使用PPT做簡報，那麼對一次新的簡報就不會投入很多準備時間，即使這次新的簡報與以前的簡報內容都不一樣。

軍事領域把這叫作「勝利病」。如果一名將軍打了很多勝仗，他就有可能變得自負，他太相信自己的能力了。「卡斯特的末日」就是一個經典的例子。

一八七六年夏，在小大角戰役之前，中校喬治・阿姆斯壯・卡斯特的軍銜快速提升。他在南北戰爭的多次主要戰役中戰功彪炳，比如蓋茲堡戰役。當李將軍在阿波馬托克斯郡府投降的時候，卡斯特也在場，就在格蘭特將軍身後幾步遠的地方。

從經歷看，卡斯特似乎永遠不會有敗績。儘管有各種證據和明確的信號說明他可能遭遇到爲數頗眾的印第安人軍隊，但卡斯特還是嚴重低估了對方的戰鬥力。

因此，卡斯特沒有事先規畫，也沒有制定臨時應急方案，甚至沒有發布詳細的戰鬥命令。最終卡斯特和他的兩百名士兵在面對超過一千多名印第安人的戰鬥中全軍覆沒。據傳聞，卡斯特死前還在喊：「士兵們！衝啊！我們困住他們了！」

認知偏好對學習的影響

在學習過程中，反思不僅僅可以解決過度自信的問題。人的注意力往往不夠集中，需要經常回顧所學的內容，因為我們較像機器人的機械化，而不是更深思熟慮。這不是說我們經常會判斷錯誤，而是說我們**有時根本就不做判斷**。

小時候，我的臥室門外掛著一幅聖母馬利亞的畫像。這幅畫像是中世紀畫作的一個複製品。畫面上，優雅的馬利亞抱著還是嬰兒的耶穌，頭頂一條閃亮的白紗頭巾。畫作鑲著木框，我每天都會經過這幅畫好幾次。

接下來就是一個家庭故事了：那種講過上百次的家庭回憶，以及一點諄諄教導。有一天早晨，媽媽衝進廚房，大聲問我們，是誰給聖母馬利亞畫上了鬍子，把耶穌的媽媽生生地變成了滑稽演員的樣子。

誰幹的？媽媽大聲地問道。誰把聖母馬利亞的畫像毀掉了？誰給馬利亞畫上了一抹小鬍

隨機測驗27
右腦型人與左腦型人的學習方式不一樣。是或否？

子？

起初，媽媽指著哥哥，認爲是他幹的。哥哥當時十幾歲了，毫無疑問也是非常調皮搗蛋的。媽媽問他，這是怎麼回事？是不是他用記號筆亂塗的？問他知不知道這有多嚴重？

哥哥一口否認。

然後姊姊又受到盤問，是不是她在馬利亞臉上亂畫的？是不是她鬧著玩兒畫的？媽媽追問她。

姊姊也一口否認，並大聲反駁，聲稱自己完全無辜，絕對沒幹過汙損馬利亞畫像的事。

我當時只有六七歲——還太小，犯不了什麼事。然而，我也被盤問了半天。是你在畫像上畫的鬍子嗎？如果不是你，知道是誰幹的嗎？

記不清是當時還是那天晚些時候，爸爸哈哈大笑地說，幾天前甚至好幾個星期以前，是他拿記號筆在畫像上畫了鬍子。他說：「這幅畫在我們家太不受重視了，這幅如詩的畫作，默默地待在那裡，理應在我們家發揮更大的作用。」後來，爸爸把這件事情叫作「鬍子的報復」。

這件事情的解讀很簡單。康納曼的書中提到，我們有兩種不同的思考方式：一個是直覺的大腦，自動且迅速做出反應；相比之下，還有一個深入思考的大腦，緩慢而笨拙。多數時候，我們依賴於直覺大腦，這種方式運轉良好，只需要很少的時間和努力，而較不願花精力去動腦。

所以，這也意味著我們會錯過很多細節。我們可能讀了一段文字，但並沒有理解內涵；我們看到有人講解了一項技巧，但我們並沒有眞正地學習那個技巧；一連幾個星期的時間，我們每天都從畫著鬍子的聖母馬利亞畫像前經過，也沒有注意到「她」被畫上了鬍子。

關於直覺大腦的研究非常廣泛，而且多少都有些怪異。有一項研究問實驗對象：人是否知道滅火器在哪兒？儘管這些實驗對象在那個大樓裡工作了十幾年，但是只有不到四分之一的人知道離他們最近的滅火器的位置。

另一項實驗中，研究對象路過了心理學家故意安排的一次街頭鬥毆，當時兩名男子在街邊扭打、喊叫，但是只有一半的實驗對象注意到。這項研究報告的題目是：「如果根本不關注拳擊俱樂部，你根本就不會談論它」。我們看起來只是比較懶，從認知角度看，也確實如此，我們不願意主動花精力關注什麼事。想要聚精會神是要花精力的，雖然我們有意識地關注了，但直覺仍然在發揮作用；雖然我們有意識地深思熟慮，但直覺仍然會在每一個具體行爲中發揮作用。我們還沒有來得及反應事實時，就會產生一種直覺思維：我早就知道會這樣。

在生活中，我在購物時就發生過很多次這樣的情況。比如，我想買一個煤氣燒烤爐，於是我會盡量蒐集證據，證明新烤爐讓我省時省錢。爲了買一個東西，我頭腦裡會列出一張長長的、完全自說自話的理由清單：我在雨天沒法用我的炭烤爐；用新烤爐食物更健康；買小燃氣罐要比買炭容易；這個新的烤爐正在促銷。然後，我點點滑鼠，商場寄來了一個新烤爐，可它直到現在還放在後院裡，一次都沒用過。

任何人都無法避免這種認知偏好。專家和普通人一樣會受到認知偏好的影響，大師與學徒一樣會被認知偏好絆倒。無論你財富多寡、賢達愚昧，概莫能外。達爾文的學說，至今沒有得到證實；愛迪生認爲交流電永遠不可能大規模應用；如果你在我家長大，也一樣注意不到聖母馬利亞臉上被畫上了鬍子。那麼，我們該怎麼辦呢？

養成對學習反思的好習慣

✔在學習中回顧表現的重要

四十歲生日的那天早晨，我打開幾個禮物以後，一封電子郵件跳到我的收件夾裡。這是一封比爾與梅琳達・蓋茲基金會發來的消息，說比爾・蓋茲想和我進行一次會談，討論一下教育基金的事情。我是不是要儘快給基金會打個電話呢？

一開始，我以爲這封郵件是個惡作劇。就像我哥哥搞出來的把戲，打算在我四十歲生日當天捉弄我一下。我告訴太太，她和我的反應一樣，只是瞟了我一眼，好像在說：行了吧，比爾・蓋茲見你幹麼！

然而，那封會面邀約的郵件居然是眞的。幾個星期後，我走進一間大會議室，有一面牆擺滿了書籍，會議桌光潔如鏡。窗外遠處，一艘艘小船蕩漾在波光粼粼的亞羅灣上。房間的最裡面，這個世界上最富有的人正在和他的同事聊天。

這次會議的幾天前，基金會的工作人員和我簡單整理了一份有關資金支援，以及教育成果的談話提綱。這份提綱大概有四十頁，包含了八個不同的附件。提綱在會議前不久提交給了蓋茲。會議室裡面坐滿了人，會議開始不久，蓋茲就對我們提供的資料問了一個非常具體的問題。

爲什麼附件裡的支出金額與提綱中的數字不一樣？

這是一處非常細微的差別，就像是詢問火星上一個原子的重量，或者第一個獲得短跑金牌的美國人一樣。我第一反應以爲自己聽錯了，但馬上就解釋給他聽。我說，附件裡包含了所有的成本支出，其中包含資本性支出。在提綱的正文裡，我們僅列了當期成本，但是沒有包括房屋的支出。

幸虧我提前知道蓋茲會問這類問題。我出發飛往西雅圖之前，同事告訴我，蓋茲經常在會議開始的時候，從細節的問題開始發問——他的問題很可能會圍繞著一個非常具體的數字。「蓋茲希望他的對手能夠接得住他發來的球。」哈佛大學的湯姆．凱恩告訴我。

從管理的角度看，有人可能覺得蓋茲很善於發現漏洞。他在會議上問一個非常具體的問題，因爲他想以此檢驗開會的人是否對議題有深入的理解。比起管理領域的人，認知科學領域的人溝通時更含蓄客套一些。蓋茲的做法是在進行某種評估：在座的專家是眞正的專家嗎？每個人對這個專題理解多少？與會人眞的理解資本支出和當期支出的差別嗎？

我並不清楚爲什麼蓋茲會選擇這種評估方式。但是，顯然像蓋茲這類人確實需要密切關注和評估到他們手上的資訊。首先，人通常都用「沒問題」來應對自己的上司，都會說高層愛聽的話。其次，人都有過度自信的傾向，就像我們前面看到的情況，人即使一無所知，也傾向於認爲自己很懂。

在學習方面，蓋茲提供了一種重要的模式：**我們需要回顧所學。爲了提防偏見，克服過度自信，最終掌握專業，我們需要審視自己和周遭人的思考過程。**

我們已經多次提到這個觀點，在學習的最後階段，刻意反思是這個階段的核心內容。在學習一項專業技能的過程中，我們需要問問自己：什麼內容讓人感到困惑？什麼內容沒有解釋清楚？我怎麼知道自己已經掌握了哪些知識？

卡內基美隆大學的瑪莎・洛維特每次結束課程的時候，都會給學生提兩個書面問題，洛維特把這些問題稱爲「收尾問題」。學生面對這些問題需要問問自己：我從課程中學到了什麼？困難在哪裡？還有哪些問題不理解？

在洛維特看來，收尾問題有很多好處，其中之一就是把學生的關注點引導到他們理解有差錯的部分，並引導學生思考如何改進。洛維特建議學生關注他們感到最困難的部分，透過關注那些洛維特稱爲「膠著點」的內容，學生可以收穫更多。洛維特告訴我：「主要是讓學生形成一種思維習慣，經常問問自己：我究竟懂了多少？哪些地方理解得不夠清楚？」

學習場景的變動，也會對學習造成影響。稍事調整一下學習的媒介，我們會更容易發現學習中的問題。這解釋了爲何把郵件發出去前，大聲朗讀出來會更容易發現錯誤。這也能說明了，爲何把文字紀錄列印出來在紙面上審核，我們會更容易看出哪裡打錯字。當我們把文字列印出來，而不是在電腦螢幕上看時，就提供了一種新的閱讀視角，這會讓錯誤更容易被發現。

這種回顧的學習方法最重要的關鍵在於態度。在寫這本書的時候，我意識到我對自己生活中某些重要方面的自我表現有點驕傲自大。我有時候會寫些文字，有時候會演講，但似乎沒有認真思考過我該如何繼續提升自我；我會撫養孩子，也會管理團隊，但似乎沒有靜下心來想一想我應該如何進一步改善做法。

也許這是我人到中年的生活方式造成的，也許這是我忙亂的工作和生活造成的，但歸根到底，我並沒有系統化地評估過我的自我表現，即使在我特別在意的生活方面，比如育兒，我也沒有認真、系統地評估過。於是我決定戰勝自己的懶惰。這應該不難，不就是做一做事後評估嘛。

有時候我覺得自己在公開講話方面比較笨拙，有時候會說話不清楚、結結巴巴，我的真實想法從自己嘴裡說出來後就像醉酒後的語無倫次。於是我試著把自己講話的過程錄下來，找找自己說話中的口頭禪。我還跟一位演講教練探討過，在幾個小時的時間裡，教練給我提出了不少提升公開講話技巧的建議。

寫作方面也一樣：我知道自己可以做得更好。我一度與一位自由的文字工作者持續合作，這樣我就能得到專業的評估意見，發現我寫作的缺點。我也曾定期去拜訪一位住在附近的顧問，讓他來幫我提高注意力，從而更好地把握自己的思維。

所有這些努力，都是爲了更認眞評估我的專業水準，回顧自己的成功與失敗之處。換句話說，我所從事的活動，都增加了一個類似週一晨會般的環節。這完全算不上傳統意義上的學習，我沒上什麼課程，沒參加什麼講座或考試，也沒有視聽材料或課本，只是花時間專程回顧一下自己的表現。然而，就這樣一點努力已經足以幫我做到自我提升。

最後，我們很容易忘記，習得專業技能需要依靠有意識的自我覺察才能做到。我們都需要問問自己：我是怎麼知道的？我都懂了哪些？我有沒有核實過自己所掌握的內容？比爾·蓋茲曾經說過：「最棘手的客戶是你最佳的學習資源。」在商業領域裡，這麼說一點都沒錯。

我們不須回避這種不快的情緒，我也覺得，**學習最重要的驅動力就是要簡單回顧，搞清楚學到了哪些內容，讓不愉快的錯誤成爲最佳的學習資源。**

追蹤學習情況，提高專業水準

提到學習的反思，我們需要來自外部的檢查，畢竟人都容易放鬆對自己的要求。就像騙子一樣，我們有時會相信自己的謊言，尤其是在學習方面，我們都自以爲比實際懂得多。因此，我們需要來自外部的檢查，即有針對性的具體問題和專屬的回饋意見。

這方面教育工作者扮演了關鍵的角色。比如在公開演講上，教練給我的小竅門和回饋意見對我幫助很大；我寫作能力的提高，也是因爲得到了外部的幫助和專業的評估意見；再想想我的籃球教練山繆斯，是他幫我眞正意識到我在跳投動作上的理解和誤區。反思的另外一個重要來源是同伴。同伴對於評估我們的專業能力非常有幫助。在空軍，每當飛行員完成F-16戰鬥機的飛行訓練後，整個團隊會和完成訓練任務的飛行員聚在一起，討論學到的知識與技能。其他組織內部也有類似的做法。比如，在政治圈裡，集體討論環節被稱爲「事後檢討」；在醫院裡，這個過程叫作「彙報」。

從某種意義上說，我們再次採用了回饋的方法。即使專業水準很高的人，透過了解自己做得對與錯，也會有所收穫。例如，要成爲美國職棒大聯盟的裁判需要付出很多的努力。裁判員湯姆·哈利三十多年前開始他的棒球裁判職業生涯，年復一年在小聯盟耕耘，直到最後應邀加入美國職棒大聯盟，他三振出局的轉身動作成了標誌性的動作。哈利的工作毫無疑問是很不容易的。

一個美國職棒大聯盟投手投出的球，輕輕鬆鬆就是時速約一百六十公里，幾乎沒有時間讓裁判仔細判斷投出的是好球還是壞球。有時候球還會打到裁判的面罩，冷嘲熱諷更是家常便飯。球隊教練麥汀利曾經在比賽中對哈利大喊：「你睡著了嗎？」那場比賽，哈利把麥汀利趕出了球場。

哈利坦承自己有時也會犯錯。比如，沒有看清一個好球、誤判了一個曲球，抑或沒有仔細看清投手投出的球是怎麼通過壘板上方的。在一次比賽結束後的採訪中，哈利說：「我們當然希望每個球都判斷正確，但我們是人，誤判是避免不了的。」

為了幫助哈利這樣的裁判減少誤判，美國職棒大聯盟幾年前引進了一項新技術，以核查裁判判斷是否準確。這套軟體採用了複雜的攝影機系統和各種運動跟蹤系統，可以清晰判斷投出的球是好球還是壞球，這也同樣幫助裁判評估自己的判斷準確度。

這些改進提高了裁判們的水準。資料顯示，使用這套系統以後，裁判判斷得更準確。這項技術對年輕裁判的作用尤為明顯，他們可以利用這套系統進行輔助訓練。現在，年輕裁判一進入美國職棒大聯盟，其裁判水準就可以基本達到哈利這樣經驗豐富的老裁判員的水準了。

這案例要說明的是，**如果能夠緊密追蹤學習狀況，即使是已經達到專家水準的人，也仍然有明顯的提高**。與任何一種回饋系統相似，這種評估辦法必須非常及時。美國職棒大聯盟三振出局的資料最大的好處在於，這些資料是即時處理的。裁判杜斯蒂．德林傑研究了好球部位的資料後說：「如果有這些資訊，我就可以立刻調整判斷方法，這對我太重要了。」

測驗是另外一種進行評估的方法，能讓你清楚知道自己掌握知識的程度。學習專家暨心理學家里根·古隆不厭其煩地提醒學生：「你們需要自我測驗，做一做課後練習，多做習題。多做習題會讓你迅速成長。」

爲了更了解測驗這種課後的回顧方式，我到馬里蘭大學派克分校旁聽了一堂物理課。在一排排藍色塑膠座椅的教室裡，大三學生布蘭登·費雪坐在中間位置，我坐在他旁邊。跟教室裡上百名學生一樣，費雪隨身帶了一個隨機測驗答題器。這個小設備看起來像一個電視遙控器，學生們可以用這個設備對應老師給出的課堂練習題，用無線方式答題。

這是春假後的第一週，教授先在教室前面的大螢幕上給出了一個開玩笑的問題：「春假過得怎麼樣？」

幾聲偷笑過後，教授又給出了四個小問題，基本上都是有關電容充電時電荷分布的問題。費雪按了答題器上的黑色按鈕，把自己的答案發了出去。

這個過程一點兒也不難。每個問題也不複雜，只是考察幾個知識點。費雪把這種測試當作追蹤自己學習效果的手段。測試結束後，螢幕上顯示一張圖表，上面有正確答題的數量，以及學生正確答題的比例。

總的來看，學生回答得並不好。看來學生們過了一個春假，把假期前學過的內容都忘了。

有幾道題，班級裡一半的學生都答錯了。也就是說，教授幫助學生進行了自我學習的評估：學生意識到，自己該掌握的東西沒記住多少。

於是，教授在課堂隨後的時間裡，主要用來回顧關鍵概念，並隨堂給出了更多的測驗題。課後我和費雪聊天，費雪說這種習題自測的辦法很有幫助，它會提示自己還需要學習哪些內容、已經掌握了哪些內容。「課堂會強調重點，我認爲這是一種有效的教學辦法，」費雪告訴我，「知道自己沒有掌握哪些知識，對學習更有幫助。」

費雪和我聊了許久。他告訴我，畢業以後準備從事人口學研究。我問他，這種自我小測驗的方式是否有問題，他說：「如果同學不想做這樣的測驗題，中間會有一段學習停滯期。」

看起來，費雪已經把這種自測行爲內化成一種學習習慣了。他明白，**清晰地識別尚未完全掌握的內容是一種強大的學習方法**。結束談話之前，費雪告訴我：「我喜歡測驗。」此前還從沒有大學生對我說過這樣的話。

間隔時間學習法

我們都會遺忘，有時候可能是幾天，有時候就幾分鐘。在學習過程中，遺忘始終伴隨左右。大腦對記憶的作用就像篩子一樣，很多的記憶過一會兒就忘。更糟的是，即使是那些已經記住的細節，隨著時間的推移也會忘記。

在學校裡，遺忘是隨時發生的事情。在你非常專注地花費大段時間學習以後，遺忘也隨即開始。一項研究表明，醫學院學生通常會在幾個月時間內忘記他們所學內容的百分之五十。因此，如果一位勤勤懇懇的醫科生在醫學院第一年解剖課考試都得A，不到一年之後，再參加同樣一門課程的考試則很有可能不及格。

我們當然希望對所見所感過目不忘，然而我們會痛苦地意識到，一生中的關鍵時刻——一次盛大的畢業典禮、一個親密的朋友、我們的初吻——都將逐漸淡忘。認知科學家在實驗室裡對遺忘現象進行研究發現，我們的記憶似乎配備著一個計時器。當計時器響起，而我們沒有再次

隨機測驗28

你第一次學習擲飛鏢，下面哪種練習方法最有效？

A.重點關注學習過程（例如記錄投擲結果，學習如何正確握飛鏢）。

B.重點關注學習結果（例如朝靶子投擲，盡力投到靶心）。

C.以不同方式了解投擲技巧（例如視覺方式、動力學的解釋）。

D.在投擲中學習技巧（直接上手投擲，看看情況怎樣）。

回顧這段記憶，就會被遺忘。研究人員把這一現象稱爲「遺忘曲線」。

有關記憶與遺忘的研究已經開展了幾十年。研究者撰寫的成果，主要存在於那些布滿灰塵的研究期刊和晦澀的書籍裡，直到羅傑・克雷格出現，情況才有所改變。克雷格小時候很喜歡玩遊戲，象棋、拼字、撲克、棒球等他都真心熱愛。「我非常熱愛競爭，」克雷格說，「我喜歡贏的感覺。」

於是在讀研究生期間，克雷格決定挑戰電視益智問答節目《危險邊緣》。從童年開始，克雷格就和祖父母一起觀看過無數次這個節目；在研究所，有的同學也曾經想上這個節目。克雷格在《連線》雜誌看到一篇文章，文中詳細介紹了學習內容在時間維度上間隔開具有很大的價值，他覺得自己可能在這方面比一般人有優勢。

「所有學生都警告我別死記硬背，」《連線》雜誌上的這篇文章說，「但是把學習按精確的時間間隔開帶來的效果太明顯，因爲它是完全可以預測的，以至在研究人員提出時間間隔效應後，心理學家開始極力推動教育工作者採取這種方式來加速人類的進步。」

克雷格覺得，《連線》雜誌的這篇文章很可能會讓他取得一些優勢。當克雷格在維吉尼亞技術學院準備參賽的時候，他經常反覆地回顧各種概念避免忘記。他甚至寫了一段電腦程式幫助自己把學習內容按照時間跨度分散開，這樣他就可以按照固定的時間間隔複習所學內容。

《連線》雜誌給出了更深層的間隔時間學習法。克雷格馬上下載了一個叫作 Anki 的軟體。

這個軟體採用了先進的演算法，按照間隔時間學習法，在人們即將忘記的時候對人們進行測試。該軟體的網站這樣介紹：「這軟體只回顧你即將忘記的內容。」

配備了《危險邊緣》題庫以後，克雷格開始訓練自己的比賽技巧。克雷格按照自己的遺忘節奏，不斷地回顧美國總統、老電影名字等各種事實和細節。如果克雷格在某個細節上出錯，Anki軟體就會在幾分鐘後再次提問同一問題；如果克雷格正確回答某個問題，那麼這個問題隨後幾天內不會再出現；如果克雷格對這個問題的第二次回答仍然正確，那麼隨後幾個月該問題都不會再出現。

這種方法可以用遺忘曲線圖來表示，該圖顯示了學習內容可以記憶的時間。根據圖示，你學習一些內容幾天甚至幾分鐘後，可能就已經忘記了（見下頁圖）。

例如，你在聚會上見到一個人，他告訴你他叫泰瑞，這就是圖中的實線部分，意味著你可能過幾天就想不起泰瑞這個名字了。如果你幾分鐘以後提醒自己，那個人叫泰瑞，這就是虛線部分的含義。虛線的意思是說，幾分鐘後提醒自己會對記憶有幫助，但是幫助不大，過幾個星期，你還是忘了泰瑞這個名字。

但是聚會幾天以後，你再次想起他叫泰瑞，這樣的話，圖中的虛線部分就會向後推移一段，記憶的情況就如287頁上圖所示。

如果經過幾個星期，你再次回想起泰瑞的名字，那麼，你遺忘的速度就如左頁下圖所示。

關鍵還是虛線部分。虛線就是學習的標記、記憶的標記。這就對應著羅傑・克雷格參加《危險邊緣》電視節目前，對題庫內容所做的準備工作。

二〇一〇年九月，克雷格首次參加這檔電視節目。節目錄製現場有主持人和另外兩名選手，克雷格基本上一道題都沒有錯就擊敗了另外兩名選手。他正確地回答了一道又一道問題，最後，他打破了幾年前節目的紀錄，贏得了該節目歷史上單場最高額的獎金。

那天晚上，克雷格回到洛杉磯的酒店後，雖然興奮，但更多的是驚奇。他知道自己在節目中表現不錯，間隔時間練習效果有可靠的科學依據。出乎克雷格預料的是，他沒想到效果可以這麼好，完全是絕對優勢。「哦，太不可思議了，是不是效果太好了。」克雷格這麼想。

克雷格那天晚上基本沒怎麼睡。他想，《危險邊緣》節目會不會再請他回去參加節目？主持人會不會以為他作弊了？克雷格沒

幾分鐘後的遺忘曲線圖

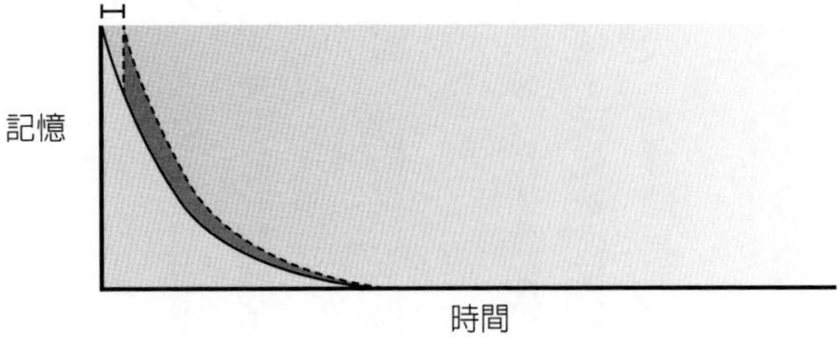

做錯事，他只是利用記憶方面的基本研究理論來提升自己的參賽技巧而已。最終，《危險邊緣》確實邀請克雷格再次參賽，他又贏了六場比賽，並在各場比賽的全明星選手的決賽中贏得了冠軍。

克雷格現在住在紐約，是一名資料科學家。在工作中和不同的遊戲比賽中，他仍然經常使用Anki這款軟體。克雷格認爲，**間隔時間學習法是掌握知識的一種好方法，可以用來對抗遺忘。**「任何想贏得比賽的參賽選手都會進行練習，」克雷格告訴記者說，「你可以選擇隨意的訓練方式，也可以選擇高效的練習方式，而我選擇了後者。」

羅傑・克雷格呼籲大家終止那種隨意的學習方法，得到了一些回應。大概

幾天後的遺忘曲線圖

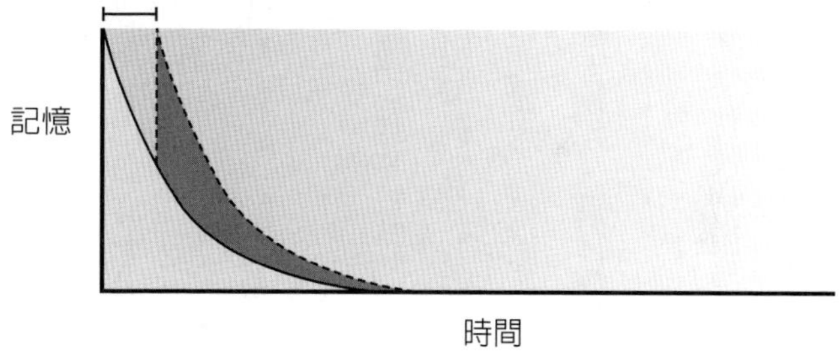

幾個星期之後的遺忘曲線圖

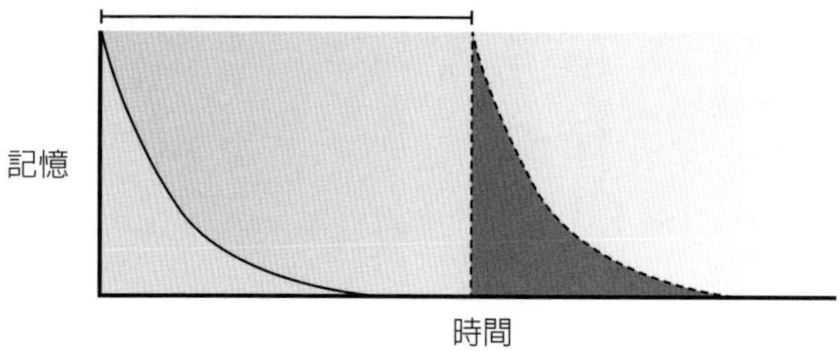

有六、七家軟體公司承諾把學習按照時間間隔分散在幾天、幾週、幾個月甚至幾年裡來設計。SuperMemo（一款記憶輔助軟體）可能是其中最早的軟體產品；最近，VocApp 軟體開始允許使用者在他們間隔時間的學習中包含圖片資訊；DuoLingo 是專門用於外語學習的軟體，能把學習西班牙語詞彙安排到一段時間裡。間隔時間學習法，在其他領域也被廣泛應用。有些公司培訓課程，嘗試把課程在時間上分散開。威訊電信公司現在會給員工發放追蹤訓練教材，幫助員工複習已經學過的內容；湯森路透公司採用這種間隔時間學習法，協助員工永遠把戰略作爲最高行動準則。

這種方法之所以有必要，關鍵在於學習通常集中在一定時間內完成。間隔時間的做法，基本上還沒有解決塡鴨式的學習方法。人往往不會把學習內容分散安排在一個時間段裡，而是試圖用一個下午學完所有內容；也不會找時間回顧重要的概念和細節。比如，大部分人都不知道美國獨立戰爭中最後一次戰役的名稱（提示：發生在萊辛頓），爲什麼會這樣呢？我認爲是因爲沒有人回顧過這些內容。

學校總體上還是推崇死記硬背的，儘管每年開學有幾堂複習課，但也很少能把原有內容重新複習一遍。對所學內容的累積型考試也是把學習按時間間隔開的一種方法，但一般學校只在期末才會採用。許多教科書根本沒有專門複習的章節，充其量就是在每章後面有一、兩道練習題。

哪怕是最少量的按時間間隔的學習，即進行定期複習都可以提高學習效果。當人們採用幾

的事務中分心走神。

與此同時，學習非常容易受到熱門科技的影響。現在的科技設備通常都有不必要的鈴聲或者讓人分心的提示音。心理學家理查·邁耶在這個領域裡進行過非常有影響力的研究。他認為，在科技輔助的學習中，「少就是多」。很多研究顯示，使用更簡單的方式表示一個概念或者技巧，更便於人們學習掌握。

在有關科技的各種爭論之中，有一件事始終不變：學習方法是需要透過學習才能掌握的。無論藉助哪種設備，人對事物的理解仍然依賴於人對意義的不懈追求，也就是以意義為核心目的的探索過程。幾年前，作家葛文德寫過一本書，叫作《清單革命》，他認為在醫藥、工程、飛機駕駛這類複雜活動中，人需要利用清單來減少犯錯、提高成績。

然而清單也有明顯的局限性。這些記憶工具一方面提升了生產效率，另一方面也容易受到人性弱點的影響。當汽車機械師採用了清單，他們傾向於只是重新檢查清單上排前的專案，而忽略了落在清單後面的內容。

所以，如果「檢查雙閃信號燈」出現在清單頂端，比出現在清單底部的項目，例如制動管線，更能引起機械師的關注。顯然，制動管線比雙閃信號燈重要得多，但仍然不能改變機械師關注度分配的特點。

沒人否認清單的價值，在汽車維修行業，清單的應用可以提高百分之二十的收入。然而，不管是修理一輛汽車還是設計一座橋梁，最核心的因素還是所從事工作的意義。從這個角度看，我們必須下工夫才能明白事物的意義，必須有意識地專注於技能的提升，最終提高我們的能力。畢竟，像清單這樣的輔助記憶工具，如果我們不能在使用時主動賦予一定意義，清單會迅速淪爲僵化的道具。

關於科技的爭論需要強調的最後一點是：主動學習。我們要主動理解事物，要保持不斷提升的上進心，不斷地回顧、反思知識與技能。所有成功人士身上，都具備主動學習的動力。在政界，儘管多數美國人一年只看大概五本書，但前總統歐巴馬每年卻要看大概兩倍以上的書；在體壇，「雷霸龍」詹姆士在二〇一六年NBA決賽中輸掉一場比賽後，立即觀看比賽重播，詹姆士說：「我需要找到提升自己的方式，我一離開賽場，就馬上開始行動。」

在商業領域，主動學習同樣必要。AT&T公司執行長藍道・史蒂芬森告訴記者，如果一個人每週不花幾個小時學習新東西，那麼他很快就會落伍。史蒂芬森把持續學習看成打字或基本數學運算一樣的最低要求，「你需要重新武裝自己，這一過程永無止境。」

〈後記〉

讓學得更好成為一種習慣

一場空難引發的思考

駕駛飛機，事關重大。當機長駕駛一架波音七四七飛向天際時，機上數百人的性命便掌握在他手上。然而直到最近，許多飛行員還是缺乏關鍵訓練，而接下來要提到的飛行員如何提升飛行專業技能的故事，讓我們最後對學習過程有一些深入的了解。

我們要講的是美國西北航空第二五五航班。

該航班原計畫於一九八七年八月十六日晚上，從底特律大都會國際機場起飛，目的地是鳳凰城。駕駛艙裡是兩名經驗豐富的駕駛員約翰・茅斯和大衛・多茲。

機艙已經坐滿，總共有大約一百五十名乘客。其中有大學生、新婚夫婦、鳳凰城太陽隊球員，還有一個蓄小鬍子，外號叫「嘎吱船長」的工程師、一個運動衫上繡著男朋友名字的加州女孩、一個叫塞西莉亞的四歲小女孩，坐在媽媽和哥哥身邊。

飛機準備起飛時，兩名飛行員很輕鬆地互相開著玩笑，唱著歌，哼著小調。

飛行員進行例行安全檢查。制動？通過。油泵？通過。電路斷路器？通過。整個過程也有點小插曲：改變一次跑道，爲了飛機是否超重與飛航管制員來回確認了好幾次。

最終，茅斯駕著飛機在跑道上快速滑行。他說，油門有點「把持不住」。

「把持不住？」多茲問了一句。

「好了，功率正常了，」茅斯說，「是TCI點火系統未調整。」

飛機呼嘯著到達時速一百六十公里。起落架輪子離開地面，飛機騰空而起，但馬上進入不穩定的狀態，震動、搖晃、動力不足。從外面看，這不像一架四十噸重的飛機，而像一隻飄搖的風箏。

駕駛艙內，飛機失速警報系統鈴聲大作。飛機一邊的機翼撞進大樓，隨後機身衝上了高速公路，在路上快速滑動，機艙內一片火海。飛機上除了一名兒童，其他人全部罹難。

一開始似乎是是飛機的一個引擎著火，很反常的機械故障。另一個私下議論的推測則是跑道太短了，所以飛機加速不夠。運氣不佳也是一種解釋，每次發生飛機事故總會有人這麼說，這次是飛機的自動升力警報系統沒有正常運作。

但是調查結果顯示，茅斯和多茲起飛前沒有設定好機翼上的襟翼。襟翼負責提供起飛的升力，沒有襟翼，一架大飛機是飛不起來的。很多專家對調查結果難以置信。設定襟翼的環節，就像倒車出庫必然要先打開車庫門一樣。顯然兩位飛行員有許多機會來解決這個問題，包括飛機在跑道上滑行的十幾分鐘內。

但是直到飛機在空中翻滾的時候，茅斯和多茲也沒有發現問題。飛機開始在空中搖晃時，兩位飛行員仍舊沒有意識到問題，他們甚至無法判斷故障的類別。後來美國運輸安全委員會評論此次事故完全是「駕駛員像瞎子一樣，視而不見」。

後來，米卡・恩茲利幫助飛行員從中吸取教訓。她把造成西北航空兩位飛行員視而不見的因素，展現給其他飛行員。

西北航空事故發生時，恩茲利住在洛杉磯。她當時正在南加州大學攻讀系統工程學博士學位。底特律墜機事件發生在週日晚上，恩茲利是在隨後幾天的新聞報導中，聽到帶有「生死之間命運翻轉」一類措辭的報導。

在研究所，恩茲利對於這起墜機事件的原因想了很多。恩茲利認爲，「情境感知力」，即一種對周邊環境的理解能力，可能是這次事件的根源。作爲一種實用技巧，情境感知力有很長的歷史。早在第一次世界大戰時期，飛行員就在討論這種能力的本質及其在飛行中的作用。

墜機發生時，情境感知力還是個模糊的概念。一般人認爲這種能力是天生的，是DNA隨機決定的特質。但是恩茲利是工程師，不是飛行員，她需要用資料說話，而不僅僅是聽那些戲劇性的描述。自從上研究所以來，她就開始組織一系列有關情境感知力的實驗。實驗證明，情境感知力是人可以透過時間鍛鍊而逐漸掌握的能力。這種專業技能，可以透過集中學習、練習和回顧逐步掌握。

恩茲利發現，如果飛行員不具備某些專業技能，會對某些問題錯誤解讀。她發現像感知力和後設認知力這類基礎能力非常關鍵，缺乏這些基礎能力的飛行員犯大錯的可能性更大。而且，她第一次證實，後設認知力就像幫助飛行員在壓力下解決問題的其他知識類型一樣，也需要事先計畫和練習來強化。

恩茲利把這發現介紹到航空公司和飛行學校，讓航空業能更完善地規畫培訓項目。恩茲利鼓勵飛行員問自己「如果……會怎樣」的問題，培養對飛行更系統化的認識：如果這個不運作了會怎樣？如果沒達到效果會怎樣？如果引擎不動了會怎樣？

恩茲利培訓飛行員運用情境感知力的技巧和主動思考的學習法。恩茲利的團隊經常與飛行學員一起坐在飛行模擬器前，讓他們對情境感知力的運用有更具體的認識。同時，恩茲利強調思考訓練，她鼓勵飛行員進行自我對話，向自己解釋當時的情境，仔細檢查自己的理解過程。

現在從空軍基礎培訓科目到醫學院課程，許多專案都在教授恩茲利的學習法。由於目前沒有明確的管道來追蹤、研究恩茲利的做法帶來的影響，因此對於恩茲利幫助防範航空事故的作用也罕有質疑。

在西北航空第二五五航班失事之前，每年有兩千人因爲墜機事件喪生，現在這個數字每年不到五百人。更確切地說，過去四十年裡，美國再也沒有一起因爲飛行員沒有設定襟翼而造成的事故。

學習的一套完整科學

我希望情境感知力的訓練過程，清楚展現出它與本書所探討學習方法的相似性。與恩茲利相類似，我們已經討論了專業技能需要進行專門訓練，以及橫向比較專業技能在不同情境下的異同有哪些重要意義。另外，我們也探討了人要提升後設認知力，需要接納現實世界的不確定性。恩茲利告訴我：「任何一種學習目的，都是把各種資訊組合在一起，形成某種特定的主張。」

從多種角度看，這就是一種有關學習的科學。無論是數學、滑雪，還是運動、鋼琴，哪怕是織毛衣，都有一套行之有效的辦法來掌握知識與技能，甚至乍看之下模糊不清的東西，比如情境感知力，都可以有計畫地訓練培養。

恩茲利把情境感知力劃分爲三個階段：認識領會、綜合理解和估算預測，這三個階段和本書談到的幾個步驟並無差異。

這些仍然是我們所說的學得更好的具體步驟，目標設定與認識領會的區別不大，綜合理解和自身各類知識的融會貫通，基本上說的是同一回事。最後，這兩種思路目標都是爲了讓人精通某項專業技能。

尋找價值：如果不想學，就不可能學得會。想要精通，就必須把自己打算學習的知識和技能視爲有價值的。此外，還必須創造意義。學習就是關乎理解某樣事物的意義。

設定目標：在精通某項技能的早期階段，「聚焦」是關鍵。我們必須弄清楚自己想要學的究竟是什麼，並且設定目標。

提升能力：某些形式的練習可以讓你比其他人取得更好的成績。在這個學習階段，我們必須磨練自身技能，採取專門步驟來提升表現。

延伸知識和技能：在這個階段，我們要在掌握基礎之後，運用自己知道的一切。要充實自己的知識與技能，創造更有意義的理解形式。

形成關連：在這個階段，我們要試著把自己掌握的所有知識結合在一起。畢竟，我們不想只是知道某個細節或步驟，而是要知道該細節或步驟如何與其他事物互動。

回顧與反思：在學習過程中，我們容易犯錯，容易太過自信，所以必須重新審視自己知道的知識和技能，重新思考自己的理解，從學習中學習。

上面這些步驟並不一定總是按順序發生。有時候，我們只是需要磨練技巧；有的時候，學習的動機可能很普通，或只是參加一個考試，或只需要檢查一下飛機襟翼，這時，反思就是我們最需要的辦法。

另外，我們都有點揠苗助長的傾向。直接上手學習的方式在許多高中、大學行不通，主要是因爲這種學習法在學習中引入得過早。有些練習也是這樣，當人還不知道需要提高哪些技巧時，練習就會缺乏目標，作用反而不大。

不得不重申：學習是一個過程、一套方法、一個體系，它最終將幫助人更有效地獲得專業技能。我們一旦掌握了如何學習的方法，就可以提升在任何領域的技能。只要思想上勤奮、方法上得當、態度上嚴謹，再加以練習和實踐，讓各種知識觸類旁通，並持之以恆地回顧與反思，我們一定可以成爲精通某一領域的專家。

我在研究這個課題的早期，曾經拜訪過貝瑞・齊默曼。齊默曼在二十世紀八〇年代展開有關學習方法的研究。他是紐約市立大學的教授，曾經與安娜斯塔西亞・奇珊塔斯在紐約市女子學校共同展開飛鏢投擲研究計畫。我們在前言討論過，研究中的學習方法組比傳統智慧組的成績要好很多。

我見到齊默曼的時候，他已經退休，剛被檢查出罹患帕金森氏症。在一個安靜的空房間裡，他用顫顫巍巍的聲音對我談起關於學習方法的研究。他提到了爲什麼人的學習需要回饋閉環來追蹤學習成果，談到他研究的主要領域，以及爲什麼自我效能是精通任何一門專業所需的核心能力，還介紹了人該如何選擇及管理學習內容。

但是，齊默曼強調最多的，還是人們如何主導自己的學習活動。每個人都應當是自身學習活動的主導者，這也正是我希望透過本書宣導的核心觀點。

找對方法，實現學習的跨越式成長

大約在十年前，美國教育部公布了一份足以從根本改變人們學習方式的報告。美國一些領先的學習科學家共同撰寫了這份報告。報告的每一條建議都有整箱的文字材料作爲依據，概括出研究人員「在學習和記憶研究領域中，就某些最重要而又切實可行的原則達成的共識」。

報告的結論對那些準備從事學習的人具有重大意義。報告強調了小測驗的價值，討論了間隔時間學習和複習的重要作用，宣導更多「解釋性的提問方式」，以及發現不同案例之間內在連繫的價值。

政府報告通常都沒有有趣的案例和圖表，只有那些政府文案風格的枯燥文字，光是題目就讓人覺得倒胃口：「優化教學資源，提升學生學習水準」。

然而真正讓人吃驚的是，這份報告影響甚微。師範教育領域完全忽視它，其他學校和公司的培訓項目也從來沒重視過。美國公開展示的調查專案裡，儘管多數調查對象自認爲熟悉教育領域，卻幾乎沒人知道這份報告的主要觀點。要不是幾個像布羅・薩克斯伯格這樣的專家極力宣導，估計這份報告會更加不為人知。

最近幾年，有關研究學習的新科學，人氣激增。蘇珊・安布羅斯、丹尼爾・威林漢、理查・邁耶這些學者是這門科學的主要推動者。亨利・羅迪格、馬克・麥克丹尼爾、班尼迪克・凱瑞及芭芭拉・歐克莉等人也寫過一些這方面的書籍。在教育政策圈裡，也有班・萊利這樣的專家極力推動，爭取讓美國的學校教育系統立足於高品質的研究基礎之上。

然而，學習方法還是沒有發生改變。當我們看到學習的細微調整帶來巨大進步的時候，這種情況是讓人感到非常吃驚的。路易斯・德洛里耶和他的同事決定對大學科學入門課程進行一些簡單的干預。如果一個學生在第一次考試中成績不好，德洛里耶或他的同事就會與該學生面談二十分鐘，給他提一些有研究依據的建議。

我們前面談到很多研究人員給學生提供的建議，都強調積極思考的重要性。「不要僅僅是重複閱讀，」德洛里耶解釋道，「要消化每一個學習內容並用自己的語言進行再現。」與每位學

隨機測驗32

人們通常很難分辨他們是否已經真正理解了所學的知識與技能。是或否？

生面談的時候，德洛里耶都會討論一下學習目的和計畫，建議學生「帶有目標的學習，以具體目標帶動學習能力的提升」。最後，德洛里耶還會告訴學生學習概念的多種方法，讓他們有能力從不同角度解釋同一個概念。

這些建議帶來的影響令人矚目。多數學生的學習成績直線上升，考試成績提高了百分之二十幾，相當於兩個成績等級。更重要的是，德洛里耶班上的學生並沒有延長學習時間。這種新方法不需要更長時間，就可以收到更好的學習效果。

與這些研究案例相比，現在大多數中學和大學看起來就像停留在中世紀水準，裹足不前。史丹佛大學的喬．波勒最近給學生家長一個指導意見，告訴他們「永遠不要告訴孩子數學題做錯了」，因爲我們不清楚學生怎樣才能知道自己做對了。我女兒的老師也會問我有關學習風格的事情，實際上關於學習風格，還沒有一個可靠的研究。在大段文字中間畫重點，仍然是許多班級的普遍做法，但這種方法實際上成效甚微。

在辦公室裡，大家還是在用螢光筆畫重點。螢光筆也不是有效的學習工具。《危險邊緣》節目冠軍羅傑．克雷格經常看到學生使用寫滿十幾個單字的提示卡，他說：「我很想過去告訴他們：『你們做得不對。』應該是一個卡片上寫一個單字。」人們準備演講的時候，總是反覆讀他們的演講稿，但除非從來沒看過這些材料，否則應該放下演講稿，做做演練效果更好。認知科學家凱薩琳．勞森說：「如果把教育領域比作醫學領域，如今的教育方法基本上還處於水蛭放血療法的時代。」

有效的學習方法絕對不僅僅是爲了提高考試分數，更優秀的教育成果可能是我們將來唯一的最佳投資選擇。好的學習方法預示著更高的收入，同時還會伴隨其他各種好處，比如減少吸菸。實際上，進行更持久的學習，可以讓人更長壽、更幸福。學習能力，是生活在二十一世紀的每個人不可或缺的基本能力。

如果你是學生、家長或是政策制定者，可以在本書附錄找到一個簡單實用的指導意見：十八項學習工具錦囊。那些實用的學習工具，包括如何學習，以及如何幫助他人學習的具體建議，同時還討論了家庭、公司、政府爲了幫助大家提高學習效果，應該做什麼和不應該做什麼。

僅僅有這些建議還不夠。即使看了這本書、這些指導意見，以及做過幾次練習，也遠遠不夠，因爲我們必須掌握學習的全貌，我們只能透過學習才能掌握最有效的學習方法。

附錄1

18項學習工具錦囊

給學習者的策略

學習是一個過程、一種方法，也是一門專業的知識，人可以透過努力、鑽研和適當的訓練，掌握學習這門技能。下面是有關學習從設定目標到回顧反思的幾個關鍵步驟。

找到價值

如果不想學習，自然學不會。人們必須認識到知識與技能的價值，才有可能掌握。所以，我們需要找到學習與自己的相關性，找到所學專業技能對自己的重要意義。如果你本身熱愛體操運動，又打算學習數學，那麼可以專門學和自轉有關的數學問題；如果你想學習編織，那麼不妨為好朋友織件毛衣。

與此同時，還要發現這個專業的重要性。學習通常就是要讓知識和技能的意義能夠以某種形式展現出來。所以，這時不要採用被動的學習形式，如反覆閱讀和畫重點，而要採取更加積極主動的學習策略，比如進行小測驗或者自我解讀。如果你想深入掌握一段文字，那就把它表演出來；如果希望理解一個概念，就用自己的語言將它描述出來。

另一個方法是複述。如果有人給你一個具體的指令，並讓你用自己的話將指令複述一遍，那麼你總結這個指令的過程，實際上就是進行將知識再次生成的過程，這樣記住這個指令的可能性就會提高。

設定目標

在學習的初期，「聚焦」是關鍵。人們需要在這個階段搞清楚自己究竟想學什麼知識或者技能，這時可以把學習看成知識管理。爲了有所收穫，我們需要設定目標，確定時間點，規畫具體的實踐策略等。大量的研究顯示，具有清晰目標的人比設定「好好工作」這類含糊目標的人，最終取得的結果要好得多。

學習目標不能是模糊的目標。過於遠大的目標也會帶來反作用，因爲那些目標看起來太遙遠了，容易缺乏情緒感受。其實，人更容易完成一些看起來比較容易衡量的小目標。所以，與其設定「學跳華爾滋」這樣的目標，不如設定具體的「每週上一次華爾滋課」這樣清晰的小目標。

在設定學習目標的時候，苦練也很關鍵。要把目標設定得比平時適應的稍微難一點。例如，如果你想學習藝術史，那麼很可能從回顧已經熟知的內容開始：林布蘭是荷蘭畫家，梵谷是後印象派畫家等。但是，只有當你稍微跨出舒適區一點點，努力達到暫時還達不到的水準，學習才能開始。所以，若想學習藝術史，更有效的問題也許是：賈科梅蒂是誰？為什麼露易絲・奈維爾森是非常重要的藝術家？為什麼竇加被認為是第一個現代主義畫家？

提升知識與技能

在這個階段，人們需要精益求精，磨練自己的能力，提升專業水準。也就是說，你需要安排專門的時間，提升自己的專業水準。

有些形式的練習可以讓人表現得更好，從而確保對所學的知識瞭若指掌。一項著名的研究顯示，一組回憶文章內容的受試者，比另外一組簡單重複閱讀文章內容的人，學習的收穫更多。如果你讀了文章後問自己問題，比簡單重複閱讀該篇文章會理解得更深入。

另外一個重點是學習回饋。我們需要知道自己哪些地方做對、哪些地方做錯了。即使簡單地記錄一下練習的情況，也會提升學習和訓練的效果。這樣看起來，我們就不難理解為什麼有的人推崇學習日記，有的人相信訓練錄影的作用了。

有效的回饋具有指導作用。例如，你嘗試回想西班牙語「公雞」這個字，你以為是pollo，比較差的回饋意見就是直接告訴你答案：「你弄錯了，正確答案是gallo。」或者不給你回饋意見，只是說「請回答下一題」。

最好的回饋意見則是，既有對結果的判斷，也有與正確答案相關的提示。上面這個例子最有效的回饋，是指出回答錯誤，然後給一點提示：「西班牙語『公雞』的正確拼法是以字母 g 開頭。」如果還是不能正確回答，那麼再多給一些提示：「想一下，前兩個字母是 ga。」直到拼寫出完整單字gallo。

延伸專業知識或技能

在這個階段，我們想超越基本知識和技能，將所學付諸實踐，讓知識與技能更加充實。透過技能的運用，人們可以收穫更多。

想提升自己在公開場合的說話技巧嗎？那就要進行在各種場合公開談話的訓練，不管是講課或接受採訪。

人透過向自己解釋概念、問自己問題，也可以收穫良多。例如，可以嘗試問問自己：這種想法行得通嗎？這是如何運作的？當人們向別人解釋概念或技巧的時候，可以發揮提升學習效果的作用。這也解釋了爲什麼團隊合作那麼有效，因爲向同伴解釋的時候，自己也在學習。

當然，所有方法都需要在認知方面做出努力。我們需要花費時間精力、付出努力，同樣還得照顧到自己的情緒。這就意味著要追蹤自己取得的進步，不管進步多少，對取得的成績都要給予獎勵。

形成關連

在這個階段，我們要逐步理解各種知識內容如何結合在一起。學習不僅是爲了掌握一點各自孤立的細節或一個步驟，還需要理解這些細節是如何按照一定的步驟互動的。簡單說，我們需要掌握專業領域底層的體系結構。

所以，需要透過簡單的事實，理解它們是如何結合起來的。透過問問題，認真鑽研，理解專業領域的內在關係：這專業知識背後存在著怎樣的系統？是怎樣的因果關係？有沒有類似的情況？這些資訊對我有什麼用處？

有一個比較好的辦法是「假設」。如果你正在學習生物學，那麼想一想：如果生物隨著時間的推移並沒有進化會怎麼樣？如果你正在學習文學作品，希望更理解戲劇《羅密歐與茱麗葉》，不妨假設莎士比亞戲劇中的這對年輕情侶並沒有死去，那麼他們兩個家族之間是否會讓彼此的恩怨持續下去？

概念圖是用來解釋專業體系內部關連的強大工具。當把知識與技能的內在關連用圖形展示出來時，我們的收穫會更大。同時要在類似的場景下交叉比較，這樣更有助於看清所學專業領域背後的關係。假如你要自學設計網站，那麼在學習WordPress軟體的同時，也可以適當學習一些如Drupal（開源內容管理框架）的編輯技巧。

反思自己的理解

在學習過程中，犯錯和過度自信都是很正常的情況，所以我們需要回顧知識，重新審視自己對知識的理解。在學習過程中應當問問自己：我以爲已經理解了，是眞的理解嗎？

其他人對我們學習知識和技能也非常有幫助。當我們暴露於不同的思考方式中時，收穫會比較大。政治科學家史考特·佩吉證實，具有不同背景的成員組成的團隊更容易成功。所以，如果你準備解決一個重大問題，那麼最好向具有不同背景的人尋求幫助；如果想解決公司內的問題，也許可以請清潔工一起進行腦力激盪。

與此同時，需要反思，想一想我們學到了什麼，尤其是要問問自己：我的思考有哪些變化？這些知識是如何組合在一起的？我學的是什麼？下一步應該學習什麼？

歸根究柢，我們學習某個專業，就是要學習該專業領域的思考系統。如果學習個體經濟學，就要學會像個體經濟學家一樣思考；學習生物化學，就應該學會像生物化學家一樣思考。正如教育心理學家所說的：「學習過程可以看作是理解一套有機結合的系統中各個組成部分的過程。」

✓給家長、教師和專業經理人的策略

學習者，不管長幼，無論經驗豐富還是業餘水準，都需要得到支援。下面我列出一些家長、教師和專業經理人可以在他人學習專業技能的過程中提供的支援。

設定期望值

一個不可回避的事實就是：學習是艱苦的。掌握專業技能需要刻苦努力。家長、教師和專業經理人需要提供支援和鼓勵，要在學習者學習的過程中主動表揚，充當學習者社會關係中的鼓勵者。

然而一定要注意：要關注學習者的過程，而不是結果，只有這樣才能保證學習者具有持續的動力。更具體地說，就是不要用「聰明」這樣的字眼誇獎人。卡蘿·杜維克的研究說明，被表揚聰明很容易造成人驕傲自滿，被誇獎的學習者就不再努力了。所以，要誇獎學習者的學習方法和努力，而不是誇獎最終結果，例如：「非常努力，太棒了！」「你做到這些很不容易！」「繼續努力！」

教師和家長通常也要傳達嚴格的規範和長遠目標。告訴學習者你的期望，更重要的是以身作則，做出努力奮鬥和克服困難的榜樣。自己犯錯的時候，告訴自己也告訴別人：這是一個難得的學習機會。

學習的時間間隔

所有人都會遺忘，有人過幾天遺忘，有人幾分鐘就會忘記。學習過程中，遺忘伴隨著學習。實際上，人一般在學習了幾小時後就會忘記大部分的內容。

我們需要考慮到遺忘這個因素，所以，要把學習過程拉長至幾個星期或幾個月，並在時間上分隔開。當你已經遺忘的時候，就把學過的內容再學一遍。比如我們前面講過的例子，用一大疊提示卡學習，比用好幾落小疊的提示卡學習效果好得多，因爲一大疊多張的提示卡會在一段時間後讓人有機會回顧學過的內容。家庭作業也是這樣，把家庭作業在時間上分散開，比一晚上或者一個週末完成的效果要好。

上班族也應該採取這種方法。公司安排培訓，不如將培訓在時間上間隔開，安排成多次。所以，不僅新入員工需要學習，所有員工都應該定期回顧學過的內容。

鼓勵專注

人很容易分心，學習時這種傾向更嚴重。所以，要爲學習者創造一個空間，讓他們能夠專注於學習。在這空間裡，沒有音樂，沒有電視，沒有大聲喧嘩。很多組織都已經明白專注的重要性，也正在改善那些有可能令人分心的環境。Google的開放式辦公室廣爲人知，但是技術團隊鼓勵眞正需要專注環境的人預訂私人辦公室。

與此類似，在進行概念簡報的過程中，也要注意「少就是多」。如果訊息量過大，人的大腦資訊超載，是處理不了的。所以，在準備一份PPT簡報的時候，不要把每一頁都塞滿圖表，最好每一頁有一個核心資訊。在演講的時候，要讓核心資訊非常清晰；聽衆走神時，反覆強調你的核心資訊。

鼓勵犯錯

一直以來，「失敗」對於學習者來說是個很糟糕的詞。但是現在我們知道，失敗是學習者走向成功的必然階段。部分原因在於，失敗可以提示我們是哪裡出了問題。而且，犯錯會促進學習，幫助我們記憶得更牢固。

家長、教師和專業經理人要鼓勵犯錯。比如，SurePayroll公司（線上薪酬處理公司）對犯錯的員工甚至提供獎勵，該公司的前總裁麥克・奧爾特啓動了一個叫作「最佳新錯誤獎」的專案，每年獲獎人可以得到幾百美元的獎勵。

爲了鼓勵犯錯，家長和教師應該避免直接給予學生答案，讓他們自己努力。認知科學家麗莎・孫認爲，「父母需要做的就是，允許孩子感受到這種不舒服，允許孩子面對不知道答案的情形。人需要竭盡全力獨自完成學習的任務。」

運用類比

說到類比經常會讓我們想起智力測驗。比如，「鳥巢之於鳥，有如狗窩之於＿＿＿＿」。然而，類比其實是發明之母。古騰堡看到葡萄壓榨機以後，發明了印刷機；推特一半像手機簡訊，另一半像社交媒體。

人們可以採用類比的方式解釋新的想法，那些精明的市場行銷公司都懂這一點。例如，美國州立農業保險公司鏗鏘有力的廣告語就善用比喻：「州立農業保險公司，親如近鄰。」

類比還可以推動創新。比方說，許多新創公司會拿Uber來打比方，幫助解釋他們的新產品或新服務。一家叫「藍圍裙」的公司把自己稱作「高檔餐飲的Uber」；一家乾洗公司則被稱爲「乾洗業的Uber」。

鼓勵回顧與反思

所有人都是過度自信的，有時候這是件好事。如果沒有一點自以爲是的傾向，誰還能領導一間公司，甚至堅持寫部落格呢？但是在學習這件事上，我們通常以爲自己比實際上懂得多，家長、教師和專業經理人這時就要讓學習者有自我回顧與反思的過程，了解自己眞正學到的內容。

卡內基美隆大學的瑪莎．洛維特每次結束課程的時候，都會給學生提兩個書面問題，洛維特把這些問題稱爲「收尾問題」。學生面對這些問題需要問問自己：我從課程中學到了什麼？困難在哪裡？還有哪些問題不理解？

在洛維特看來，收尾問題有很多好處，其中之一就是把學生的關注點引導到他們理解有差錯的部分，並引導學生思考如何改進。洛維特建議學生關注他們感到最困難的部分，透過關注那些洛維特稱爲「膠著點」的內容，學生可以收穫更多。洛維特告訴我：「主要是讓學生形成一種思維習慣，經常問問自己：我究竟懂了多少？哪些地方理解得不夠清楚？」

給教育政策制定者的策略

學習已經成爲每個人的畢生功課。下面介紹一些教育政策制定者幫助人掌握更好的學習方法的途徑，以及改善國家教育系統的辦法。

提倡掌握學習方法

學生應當學會如何學習，而教育政策制定者應當考慮：

・鼓勵學校向學生講授學習策略，例如目標設定、自我測驗，以及審視思考過程。
・改善師範教育，推動師範學院向未來的教育工作者講授有科學依據的教學技巧。
・資助那些旨在幫助教育工作者深入研究學生獲取知識與技能過程的科研項目。

教材升級

一個國家的教育體系需要優質的教學指導材料，支持形式豐富的學習活動。教育政策制定者應當考慮下面這些明確的解決方法：

・資助那些可以讓學習更積極活躍、更投入的項目，比如課堂答題器。
・改進課本和其他教學輔導材料，幫助學生更有效地學習，例如把學習內容在時間上間隔開。
・讓學習項目更個性化，與學生個人興趣更相關，允許學生按照自己的節奏學習。

推動智慧科技的應用

科技對學習大有裨益，但是也會造成分心，降低人們學習新知識的能力。在學習方面，教育政策制定者應當在優秀的教學經驗方面擴大投入，例如：

- 鼓勵採用能帶來明確學業效果的科技，如電腦模擬。
- 要求教學機構追蹤並公布學習成果，這樣大眾可以更清楚哪種教學方式更有效。
- 確保學生無論在學校或家裡，都有高速網路可用。

關注學習過程中的情緒因素

學習者如果情緒上沒有準備好，也沒辦法投入學習。教育政策制定者可以把教室變成能提供更多情緒支撐的地方，例如：

- 資助有利於學生進行自我情緒管理的專案，例如「轉成人」專案。
- 支持採用全方位學習的嘗試，幫助學校提供免費牙齒檢查和托兒服務。
- 促進學校形成安全、友好的氛圍。

順應教育的社會化趨勢

學習是感性與理性共同作用的活動，教育政策制定者應當從政策角度支持學校教育的社會化功能，例如：

- 鼓勵在校學生的多樣性，檢討造成社群隔離的住房政策。
- 宣導更好的校園文化，包括提供更多輔助人員，如輔導員。
- 鼓勵家長參與學校教育，爲家長提供在家輔導孩子的工具。

重新設計學習環境

現在的課堂樣式和中世紀的情況相差無幾，仍然以被動聽講爲主，學生在思考上的主動參與還不夠多。教育政策制定者應當引導這領域的創新，以有關學習的科學研究爲依據，重新規畫課堂教學活動：

- 鼓勵、資助教育領域的創業公司，這些創業公司對教和學兩方面都可能採取更多的創新方式。
- 考察學習成果，而不是學習過程，從而鼓勵更多的教學實驗。
- 提供學生更多接觸現實世界的機會，例如增加校內外的實習機會。

附錄2

32道隨機測驗題答案

1.C
2.否
3.是
4.C
5.B
6.是
7.是
8.否
9.是
10.C
11.B
12.C
13.B
14.是
15.B
16.否
17.否
18.否
19.D
20.C
21.A和E
22.是
23.是
24.B
25.是
26.是
27.否
28.A
29.是
30.是
31.否
32.是

*本書中的隨機測驗題，有些是根據保羅．霍華德—瓊斯發表在《自然評論：神經科學》期刊2014年第15期第817~824頁的〈神經科學與教育：迷思與訊息〉一文。更多資訊請參考我即將在美國進步中心發表的相關論文〈大眾對學習科學的理解〉（*What the Public Knows about the Science for Learning*）。

Eurasian Publishing Group 圓神出版事業機構 用心與你對話・視野無限寬廣 方智出版社 Fine Press

www.booklife.com.tw reader@mail.eurasian.com.tw

生涯智庫 165

Learn Better學得更好

作　　者／烏瑞克・鮑澤（Ulrich Boser）
譯　　者／張海龍
發 行 人／簡志忠
出 版 者／方智出版社股份有限公司
地　　址／台北市南京東路四段50號6樓之1
電　　話／（02）2579-6600・2579-8800・2570-3939
傳　　真／（02）2579-0338・2577-3220・2570-3636
總 編 輯／陳秋月
副總編輯／賴良珠
責任編輯／黃淑雲
校　　對／黃淑雲・賴良珠
美術編輯／潘大智
行銷企畫／詹怡慧・王莉莉
印務統籌／劉鳳剛・高榮祥
監　　印／高榮祥
排　　版／莊寶鈴
經 銷 商／叩應股份有限公司
郵撥帳號／ 18707239
法律顧問／圓神出版事業機構法律顧問　蕭雄淋律師
印　　刷／祥峰印刷廠

2019年1月　初版
2019年3月　4刷

Learn Better: Mastering the Skills for Success in Life, Business, and School, or, How to Become an Expert in Just About Anything by Ulrich Boser

定價330 元　ISBN 978-986-175-514-4　

你本來就應該得到生命所必須給你的一切美好！
祕密，就是過去、現在和未來的一切解答。

——《The Secret 祕密》

◆ **很喜歡這本書，很想要分享**

圓神書活網線上提供團購優惠，
或洽讀者服務部 02-2579-6600。

◆ **美好生活的提案家，期待為您服務**

圓神書活網 www.Booklife.com.tw
非會員歡迎體驗優惠，會員獨享累計福利！

國家圖書館出版品預行編目資料

Learn Better學得更好／烏瑞克・鮑澤（Ulrich Boser）著；張海龍譯. -- 初版. -- 臺北市：方智，2019.01
336面；14.8×20.8公分. --（生涯智庫；165）
譯自：Learn Better: Mastering the Skills for Success in Life, Business, and School, or, How to Become an Expert in Just About Anything

ISBN 978-986-175-514-4（平裝）
1.學習方法 2.學習心理學
521.1　　107020184